POLYGLOTT

POLNISCHE OSTSEEKÜSTE

ON TOUR

DIE AUTORIN

RENATE NÖLDEKE

verdankt die Begeisterung für Polen ihren Eltern, die gern dort Urlaub machten. Seit ihrer Kindheit hat die Kunsthistorikerin, die in München lebt, das Land zwischen Oder und Bug, Ostsee und Tatra immer wieder bereist. Außer der Natur hat es ihr die bewegte Geschichte besonders angetan. Sie liebt die Polen für ihre herzliche Gastfreundschaft – und ihre Nachsicht gegenüber mangelnden Polnischkenntnissen.

Unser E-Book-Code zur elektronischen Erweiterung des POLYGLOTT on tour. Das kostenlose E-Book enthält die im Reiseführer aufgeführten Adressen entlang der Touren, beispielsweise zu Essen und Trinken, Shoppen, Aktivitäten und Hotel-Tipps. Links auf einen externen Kartendienst vereinfachen das Auffinden dieser Adressen.

WWW.POLYGLOTT.DE

SEITENBLICK

ERSTKLASSIG

ALLGEMEINE KARTEN

REGIONEN-KARTEN

STADTPLÄNE

6 TYPISCH

20 REISEPLANUNG & ADRESSEN

32 LAND & LEUTE

SYMBOLE ALLGEMEIN

Erstklassig: Besondere Tipps der Autoren

Seitenblick: Spannende Anekdoten zum Reiseziel

12 Top-Highlights und

Highlights der Destination

46 TOUREN & SEHENSWERTES

TOUR-SYMBOLE

- 1 Die POLYGLOTT-Touren
- 6 Stationen einer Tour
- A1 Die Koordinate verweist auf die Platzierung in der Faltkarte
- a1 Platzierung Rückseite Faltkarte

PREIS-SYMBOLE

	Hotel DZ	Restaurant
€	bis 29 EUR	bis 9 EUR
€€	30 bis 60 EUR	10 bis 15 EUR
€€€	über 60 EUR	über 15 EUR

ZEICHENERKLÄRUNG DER KARTEN

- beschriebene Region (Seite = Kapitelanfang)
- 10 E h Sehenswürdigkeiten
- 4 Tourenvorschlag
- Autobahn
- Schnellstraße
- Hauptstraße
- sonstige Straßen
- Fußgängerzone
- Eisenbahn
- Staatsgrenze
- Landesgrenze
- Nationalparkgrenze

Perfekte Planung > Parallel vordere Klappe aufschlagen

TOP-12-HIGHLIGHTS

1. WOLIŃSKI-NATIONALPARK > S. 61
2. SŁOWIŃSKI-NATIONALPARK > S. 73
3. LANGER MARKT (DŁUGI TARG) IN DANZIG > S. 83
4. KASCHUBISCHE SCHWEIZ > S. 98
5. RATHAUS VON TORUŃ (THORN) > S. 106
6. ZISTERZIENSERKLOSTER IN PELPLIN > S. 116
7. MALBORK (MARIENBURG) > S. 116
8. OBERLÄND. KANAL, ELBLĄG (ELBING) > S. 124
9. DOM IN FROMBORK (FRAUENBURG) > S. 126
10. FREILICHTMUSEUM IN OLSZTYNEK > S. 131
11. JEZIORO MAMRY (MAUERSEE) > S. 143
12. KRUTYŃ (KRUTINNEN) > S. 145

Menschenleere Strände und
ein unzersiedeltes Hinterland sind
typisch für Polens Ostseeküste

TYPISCH

DIE POLNISCHE OSTSEEKÜSTE IST EINE REISE WERT!

Polens herrliche Ostseeküste und die masurischen Seen bieten viel Natur und Spaß an, in und auf dem Wasser. Für kulturelle Impulse sorgt die alte Hansestadt Danzig mit jungen Studenten, modernen Museen und experimentierfreudigen Köchen.

RENATE NÖLDEKE
verdankt die Begeisterung für Polen ihren Eltern, die gern dort Urlaub machten. Seit ihrer Kindheit hat die Kunsthistorikerin das Land zwischen Oder und Bug, Ostsee und Tatra immer wieder bereist. Außer der Natur hat es ihr die bewegte Geschichte besonders angetan.

Endlich Urlaub! Im Auto geht es der Morgensonne entgegen über Stettin nach Danzig. Links lockt die Ostsee, da reihen sich die goldgelben Sandstrände aneinander. Als Kind war ich das erste Mal in Polen: lange sandige Feldwege, klare Badeseen, Himbeeren, Paddeltouren und Lagerfeuer, hohe Dünen und Kiefernwälder. Die flirrenden Bilder vom sonnigen Ferienparadies an den westmasurischen Seen und der Ostseeküste sind bis heute geblieben. Das triste Grau der 1970er-Jahre, die scharfen Grenzkontrollen, eintönigen Speisekarten, Pferdewagen, leeren Regale und langen Schlangen vor den Geschäften aber sind schon lange verschwunden.

Knallgelb blüht der Raps beiderseits der Schnellstraße. Dann ein Dorf, ein *sklep*. Mit bunter Bier- und Sonnenmilchreklame schreit er nach Aufmerksamkeit. Dabei ist der Tante-Emma-Laden längst auch Kneipe und Ortsmittelpunkt. Während ein paar Männer vor sich hin dösen, loben zwei Frauen die reifen Erdbeeren am Stand. Einige Mädchen und Jungen haben die Eistruhe geplündert.

Mit jedem Kilometer, die Straße bis zum Horizont im Blick, steigt die Lust aufs Meer. Zeit für einen Abstecher: Dąbki ist mit Grills und rustikalen Holzbänken, Sonnenschirmen und Sandförmchen bestens für die Hochsaison gerüstet. Der Trubel in den polnischen Badeorten ist Ausdruck übersprudelnder Lebensfreude, großer Geselligkeit und Kinderliebe – einfach herzerfrischend. Aber hinter den Dünen wartet die Ostsee, leise rauschen die Wellen, rechts und links Sandstrand, so weit das Auge reicht. Badehandtücher und Fischerboote setzen Farbtupfen. Einmal frei und tief durchatmen.

Wolken ziehen mit mir dahin, längst steht die Sonne hoch am weiten Himmel. Ein heißer Sommertag Anfang Juni. Durch das offene Autofenster weht eine frische Brise. Kein Schlagloch hält mich auf – ach, wie schön ist Polen – und immer besser seine Straßen. Dank EU-Subventionen und der Fußball-EM 2012 hat das Land deren Ausbau schnell vorantreiben können.

In der Ferne ragen Kräne auf. Baukräne, denn in der Dreistadt (Trójmiasto), zu der neben Danzig das Seebad Sopot und die Hafenstadt Gdynia zählen, entstehen neue Museen, Gewerbegebiete und Wohnviertel. Auch auf dem Riesenareal der ehemaligen Leninwerft. Lastkräne erinnern an vergangene Zeiten, als hier der Weg in die Freiheit begann. Immerhin hatten die Danziger Werftarbeiter und der polnische Papst Johannes Paul II. einen großen Anteil daran, dass der Eiserne Vorhang 1989 fiel.

Meine Freiheit ist die Straße. Allmählich verschwindet die Stadt im Rückspiegel. Das platte Land ist nun von Kanälen durchzogen, Sümpfe schimmern zwischen den sattgrünen Wiesen, Störche suchen nach Fröschen,

Wenn der Tag endet, wird es Zeit für einen Kneipenbummel in Danzig

Brücken führen über Weichsel und Nogat ans Frische Haff. Kaliningrad ist gar nicht mehr weit. Unterwegs werden die Straßen schmaler, einsamer ... und schlechter. Schattige Alleen folgen schnurstracks den Wellen der Endmoränen und ich ihnen – bis nach Masuren. Jeder Buckel ein Juchzer, bis eine Baustelle mich ausbremst. Ärger! Die Schlange wird immer länger. Ein Automotor nach dem anderen schweigt. Die Gelassenheit ist ansteckend, was bleibt einem auch anderes übrig, als abzuwarten. Bienen summen vor dem Autofenster, am Rand eines Wäldchens leuchtet ihr gelb-rot-blauer Bienenstock. Enten lassen sich schnatternd auf einem Teich nieder, Kühe glotzen neugierig von einer Wiese herüber. Und schon springt die Bauampel wieder auf Grün, der Autotross setzt sich in Bewegung und rumpelt an der Baustelle vorbei. Ach, bald werden auch tiefe Schlaglöcher und Spurwannen nur noch Vergangenheit sein, werden Bürgersteige, Verkehrsinseln und Umgehungsstraßen viele Orte im Land verschönern.

Objazd! Umleitung! Längst ist der Weg, besonders der Umweg, mein Ziel, sind alle Pläne über den Haufen geworfen. Befreit von Alltagsballast, Terminstress und Zeitdruck rolle ich tiefenentspannt durch die Landschaft. Masuren, das Land der 1000 Seen, ist überall schön. Mit Blumen und Girlanden geschmückte Wegkreuze wachen über Kreuzungen – hoffentlich auch über mich. Und über allem thronen auf Schornsteinen und Straßenlaternen die Störche in ihren wagenradgroßen Nestern. Die bringt auch nichts aus der Ruhe. *Pokoje wolne* – Zimmer frei – an einem namenlosen See, mit Boot, Badesteg und Fischen. Frei! So ein Glück!

Weite Rapsfelder tauchen die Landschaft im Sommer in ein leuchtendes Gelb

WAS STECKT DAHINTER?

Die kleinen Geheimnisse sind oftmals die spannendsten. Hier werden die Geschichten hinter den Kulissen erzählt.

WARUM GIBT ES IN MASUREN SO VIELE STÖRCHE?

Der Nordosten Polens ist mit seinen offenen Landflächen, dem niedrigen Pflanzenbewuchs und vielen feuchten Wiesen geradezu ein Schlaraffenland für die Schreitvögel. In jedem Ort nisten Weißstörche, oft gleich mehrere Paare – gern mit Überblick auf hohen Schornsteinen, Strom- und Lichtmasten. In Żywkowo nahe der russischen Grenze kommen sogar 45 Storchenpaare auf neun Bauernhöfe und 35 Einwohner.

WOHIN WEISEN DREIECK UND KREIS DEN WEG?

Stehen daneben die erklärenden Worte *toaleta* oder WC, kommt man der Örtlichkeit auf die Spur – aber: Welche Tür ist die richtige? Für all diejenigen, die es eilig haben: Dreieck für die Männer, Kreis für die Frauen. Warum? 1928 sicherte sich ein polnischer Wollfabrikant das Werbemonopol für Toilettentüren. Sein Firmenlogo, Dreieck im Kreis, fand bald getrennt und den Geschlechtern zugeordnet einen Platz im Alltag. Warum auch immer. Wo der eine für sein Geschäft wirbt, haben die anderen eines zu verrichten. Egal ob es sich um stilisierte Pissoirs und Klobrillen handelt bzw. breite Schultern und Uterus. Einfach merken!

WAS BEDEUTEN DIE KREUZE AN DER STRASSE?

Meist stehen sie an Kreuzungen, an Ortsein- und -ausfahrten, die Wegkreuze. Man möge an Wegesecken, wo man sich zu begegnen pflegt, Kreuze errichten, soll Papst Leo III. um das Jahr 800 angeordnet haben. Manche sind schlicht, andere üppig verziert; sie sind aus Holz, Metall oder Stein gefertigt, häufig ist an den Kreuzen eine Marienstatue angebracht. Früher hielt man hier auf dem Weg zur Feldarbeit an, um zu beten, heute rasen die Autofahrer vorbei – dabei haben sie im polnischen Straßenverkehr göttlichen Beistand nötig.

WO IST DIE KAFFEEMASCHINE?

Wundern Sie sich nicht, wenn Sie in Ihrem Ferienhaus oder -apartment nicht das vertraute Equipment zum Kaffeekochen vorfinden. Obwohl auch in Polen längst ein regelrechter Kult um die schwarze Bohne herrscht, trinken viele privat ihren Kaffee *po turacka*, auf türkische Art. Das heißt seit Zeiten des Kommunismus allerdings: Der gemahlene Kaffee wird direkt mit kochend heißem Wasser übergossen. Früher sogar mehrmals. Serviert und trinkt man ihn zu hastig, erfährt man auf der eigenen Zunge, warum dieser Kaffee polnisch auch *plujka* (Spuckkaffee) genannt wird.

50 DINGE, DIE SIE ...

Hier wird entdeckt, probiert, gestaunt, Urlaubserinnerungen werden gesammelt und Fettnäpfe clever umgangen. Diese Tipps machen Lust auf mehr und lassen Sie die ganz typischen Seiten erleben. Viel Spaß dabei!

... ERLEBEN SOLLTEN

1 Drei Seen, eine Marina Achtung! Beim Segeltörn ab Sztynort › S. 143, das günstig auf einer Halbinsel zwischen Mauer-, Kissain- und Lababsee liegt, sollten Sie die Badesachen nicht vergessen! Das Wasser glitzert einfach zu verlockend (Segelboot: ab 300 zł/Tag).

2 Satz und Sieg Der breite Sandstrand von Łeba › S. 73 ist das beste Beachvolleyballfeld, das man sich wünschen kann – Netze, Zuschauer und Mitspieler findet man vor Ort.

Blick von der Danziger Marienkirche

3 Fest im Sattel Im gestreckten Galopp am Strand entlangpreschen, dass das Meerwasser nur so spritzt! Für erfahrene Reiter organisiert das Gestüt Michalski › S. 70 bei Kołobrzeg Ausritte an die Ostsee (200 zł).

4 Ab in die Pilze! Ausgerüstet mit Körbchen und Pinsel, genau wie die Polen, geht's im Herbst in die Johannisburger Heide. Getrocknet lassen sich die Pilze auch gut mit nach Hause nehmen. Hilfe bietet der Gutshof Łuknajno bei Mikołajki › S. 144 an.

5 ... 300, 301, 302 ... Der Aufstieg ist mühsam, lohnt sich aber, denn vom Turm der Marienkirche S. 87 in Danzig blickt man nicht nur über die alten Dächer der Hansestadt, sondern über die Mottlau hinaus bis zur Westerplatte.

6 Grenzenloses Bikevergnügen Auf der Radtour, die von Świnoujście › S. 58 12 km zu den deutschen Kaiserbädern, über Ahlbeck und Heringsdorf bis Bansin führt, geht's immer parallel zur Uferpromenade (Radverleih: Usedom Rad, Bahnhof, Wojska Polskiego, www.usedomrad.de, ab 9 €/Tag; Rückfahrt mit DB-Regio Kaiserbad-Europa-Linie, www.ubb-online.com, 3 €/Pers. und 6 €/Rad).

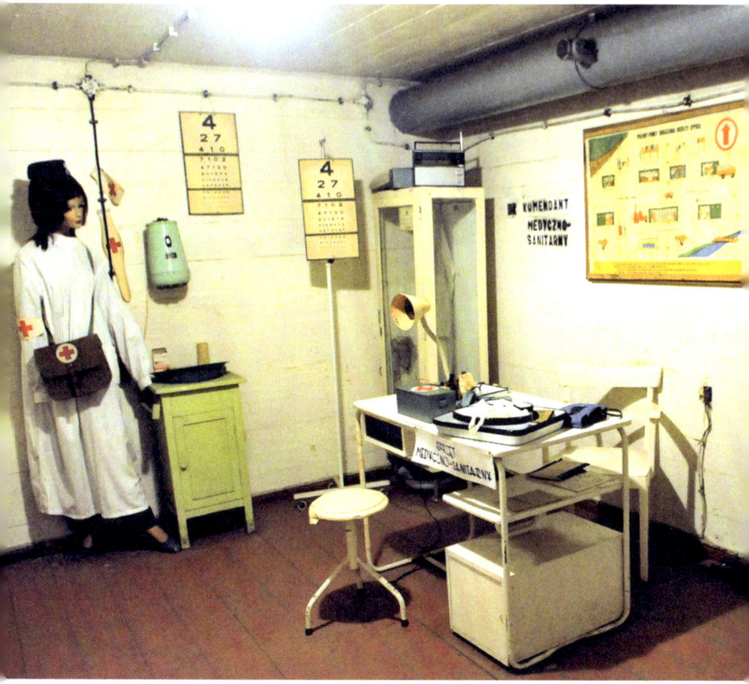

Eine ganze Stadt im Untergrund – inklusive ärztlicher Versorgung

7 Stettin Underground Das weitverzweigte Bunkersystem, das 1941 unter dem Hauptbahnhof von Stettin › S. 52 entstand und etwa 5000 Menschen fassen konnte, lässt sich heute besichtigen. Bei der Tour geht es fünf Stockwerke in die Tiefe, also warm anziehen (ul. Kolumba 1/6, www.schron.szczecin.pl, tgl. 12 Uhr; 25 zł).

8 Gute Laune für alle Die Bewohner von Gdynia › S. 98 feiern ihre besonders lebenswerte Stadt am 1. Juni, dem Weltkindertag. Museen, Schiffe und Institutionen präsentieren sich neben Fressbuden an der Uferpromenade.

9 Im Schlamm suhlen Eine Alternative zur Wanne voll Moor ist eine Packung mit gesundheitsförderndem, nahe Kołobrzeg gewonnenem Torf im großzügigen Spa- und Wellnessbereich des Hotels New Skanpol › S. 69 (ab 20 zł).

10 Auf Polens schönstem Fluss Bei einer kurzen Paddeltour von Krutyń › S. 145 aus auf der Krutynia bis Utka geht es teilweise unter einem dichten Laubdach hindurch, teilweise über Sandbänke dahin. Mal seicht, mal strömend zeigt sich das Wasser. Unterwegs locken kleine Badestellen (13 km, 2er-Kajak/Tag 30 zł).

... PROBIEREN SOLLTEN

⓫ Ein Topf, viel Fantasie Für *bigos*, den gern in großen Kesseln gekochten polnischen Sauerkrauteintopf, gibt es diverse Rezepte. Richtig deftig mit Schweinebauch, Würsten und Speck ist er am besten. Eine gekonnte Mischung serviert das Lokal Pod Kogutem › S. 57 in Stettin.

⓬ Kalte Rote-Bete-Suppe Den *barszsz* gibt es in vielen Variationen – kalt *chłodniki z botwinki* genannt. Aus jungen Rüben und dem frischen Grün der Blätter zaubert das Ritz › S. 92 in Danzig ein herrlich leichtes Sommergericht.

⓭ Plattes Land, platte Fische Fischbratereien *(smażalnia ryb)* bieten in Łeba › S. 73 gegrillte Flundern *(flądra)* an. Einfach den frischen Fisch mit der Holzgabel zerpflücken und auf der Zunge zergehen lassen, z. B. am Hafen bei U Eli (Promenada Portowa, Abrahama 1).

⓮ Bier im Sommer Besonders polnische Frauen genießen ihr Bier gern etwas lieblicher als *Piwo z sokiem*, am besten mit einem Schuss Himbeer- oder Granatapfelsirup verfeinert, z. B. am dunklen Wasser der Nogat in Elbląg › S. 124 Taverna Tortuga (Bulwar Zygmunta Augusta, Mobiltel. 730 05 63 56).

Pierogi gibt's mit ganz unterschiedlichen Füllungen, herzhaft oder süß

15 Pierogi Ruskie Einfach (und) ein Klassiker: die Teigtaschen, gefüllt mit dem sehr trockenen polnischen Quark. Darüber kommen gebratener Speck und geröstete Zwiebeln. Himmlisch im Restaurant Goldwasser > S. 92 in Danzig.

16 Räucherfisch Unnachahmlich: das leicht holzige Aroma von Räucherfisch. Auf Hel > S. 76 gibt es einige Räuchereien *(Wędzarnia Ryb)*. Tipp: der Heilbutt von Okienko (ul. Księdza Bernarda Sychty 135, 84-140 Jastarnia, www.okienko-jastarnia.pl).

17 Würzige Häppchen Die Polen konservieren ihr Gemüse für den Winter in Essig oder Salzlake. Lecker eingelegte Gurken – am besten schmecken die mit Knoblauch – findet man am Stand vor der Danziger Markthalle > S. 89.

18 Bier im Winter Weihnachtliche Wohlgefühle entfacht *Gzrane Piwo*, ein Glühbier, geschmacklich verfeinert mit Honig, Sternanis und Nelken, mit Orangen, Ingwer und Zimt, z. B. auf dem Danziger Weihnachtsmarkt (1.–23. Dez.) > S. 82.

19 Lody, Lody, Lody Die Polen lieben ihr Softeis, das sich in vielerlei Farben und Geschmacksrichtungen in unglaubliche Höhen schraubt. Garantiert nicht ins Rutschen gerät hingegen das auf einer saftigen Waffel (*gofry*) mit frischen Erdbeeren und Sahne verkaufte Eis des Cafés Skwerek auf dem Weg zum Pommernkai (Nabrzeże Pomorskie) in Gdynia > S. 98.

Fisch, frisch aus dem Rauch

20 Frau in Form Nicht nur zur Weihnachtszeit: Probieren Sie die mit Schokolade überzogenen Honigkuchen in Toruń > S. 110. Ihre weiblichen Rundungen sollen einer Bäckerin namens Katrin nachempfunden sein, daher heißen sie Thorner Katrinchen.

21 Masurisches Wild Um Wild, etwa einen Wildschweinrücken, so perfekt zu braten wie die Masuren, bedarf es einiger Geduld, muss er doch in einer Buttermilchbeize erst mürbe gemacht werden. Also gehen Sie lieber ins Restaurant, z. B. den Jagdhof Potocki Gałkowo > S. 144.

22 Fische wollen schwimmen Eine masurische Fischsuppe spiegelt den Fischreichtum der Region: Zander, Hecht, Forelle, Wels, Aal. In der Tawerna Siwa Czapla > S. 142 in Giżycko schmeckt sie fein.

... BESTAUNEN SOLLTEN

23 Sahara-Feeling Über hohe Sandberge schweift der Blick von der Wanderdüne Łącka › S. 74 – weit, weiter, noch weiter – und flimmernd am Horizont: die Ostsee. Das ist keine Fata Morgana!

24 Altar der Solidarität In der Danziger Brigittenkirche besticht der Hauptaltar › S. 88 mit Bernstein in all seinen Farbschattierungen. Bei wechselndem Licht ändert sich auch der Farbeindruck, sodass die Skulpturen, Reliefs und Leuchter immer anders, fast lebendig wirken.

25 Farbtupfen am Strand Am herrlich langen Sandstrand zwischen Darłówko › S. 71 und Dąbki ziehen die Fischer morgens ihre bunt bemalten Boote mit dem Fang an Land. Eine wahre Augenweide.

26 Bilderrausch Der Expressionist Ignacy Witkiewicz vermerkte auf seinen Bildern, welche Droge ihm beim Malen half, manchmal reichte ein einziges Bier, manchmal musste es jedoch ein halluzinogener Peyotl-Kaktus sein, wie man im Regionalmuseum von Słupsk › S. 72 erfährt.

27 Himmel und Hölle Beim Betrachten von Hans Memlings Triptychon »Das jüngste Gericht« (1471/73), das im Original nicht mehr in der Danziger Marienkirche › S. 88, sondern im Nationalmuseum hängt, wähnt man sich eigentlich im Paradies – so detailverliebt malte er das Jenseits aus.

28 Schätzchen Die goldglänzende Schreinmadonna im Diözesanmuseum von Pelplin › S. 116 offenbart aufgeklappt eine anbetungswürdige Kreuzigungsszene.

Bis ins kleinste Detail malte Memling sich das jüngste Gericht aus

29 Himmlischer Tanz Zur Musik der Orgel in Święta Lipka › S. 140 bewegt sich das üppig vergoldete Schnitzwerk: Sterne drehen sich, Englein schwingen ihre Posaunen, spielen Laute, Erzengel und Maria neigen das Haupt.

30 Wem die Stunde schlägt Über dem Eingang der Klosterkirche in Kartuzy › S. 99 schwingt ein Todesengel als Uhrenpendel seine Sense, um den Gläubigen bei jedem Schlag zu vergegenwärtigen, dass ihre Zeit auf Erden begrenzt ist.

31 Pfeifensammlung Welch stilvolles Laster Rauchen im 18. Jh. war, als man noch glaubte, Bernstein neutralisiere die schädliche Wirkung des Tabaks, zeigen die Pfeifen der Bernsteinsammlung in der Marienburg › S. 117: Die feinen Schnitzarbeiten zeigen z. B. Papageien, Meerungeheuer oder Pferde.

32 Schieflage Man wundert sich, dass man, fest angelehnt an den schiefen Turm in Toruń › S. 109, dennoch aus dem Gleichgewicht gerät. Versuchen Sie es!

... MIT NACH HAUSE NEHMEN SOLLTEN

33 Fleißiger Bienchen Arbeit Putzmunter summen die Bienen durch die polnische Natur und sammeln süßen Honig – *miel*. Besonders köstlich ist der Waldblütenhonig aus der Johannisburger Heide. Achten Sie auf Hinweisschilder und

Hier wird Bernstein sorgfältig poliert

Verkaufstände an der Landstraße 610 zwischen Ruciane-Nida und Utka › S. 144.

34 Gold der Ostsee Echter Bernstein ist nicht billig, wenn Sie bei seriösen Händlern kaufen. Die Galeria S&A › S. 95 in der Danziger Frauengasse bietet eine breite Auswahl, darunter auch modische Ohrringe für jüngere Leute (ab 80 €).

35 Sommer im Cremetigel Die Pharmazeutin und Grand Dame der polnischen Kosmetikszene Dr. Irena Eris begann 1984 Cremes anzurühren und zu vertreiben. Die Körpercreme »Body Art«, die für die Haut so entspannend ist wie Urlaub, bekommt man in jeder Drogerie Natura und natürlich im Wellnesshotel der Unternehmerin bei Ostróda › S. 132.

Danziger Goldwasser ist ein besonderer Tropfen

36 Erinnerungen wie Sand am Meer Der feine Sand dringt bei einem Ostseeurlaub wie in Swinemünde › S. 58 ohnehin durch jeden Reißverschluss, in Tasche und Badehose – also einfach eintüten, zu Hause im Bad oder auf dem Balkon beschwören Sie damit herrliche Strandgefühle herauf.

37 Danziger Goldwasser Ein süßer Digestif, gewürzt mit Anis, Zimt und Nelken. Und die flirrenden Goldkonfetti machen in Flasche und Glas einen edlen Eindruck. Eine kleine Flasche (40 ml) bekommt man günstig für 12 zł in der Danziger Markthalle › S. 89.

38 Lech Wałęsa aus Pappe Polens geschichtlicher Wandel als Bastelbogen: Eine Anziehpuppe des Werftarbeiters und Streikführers auf dem Weg in die Freiheit, vom Gewerkschaftsführer im Blaumann zum Staatspräsidenten im Anzug. Verkauf im Europäischen Solidarność-Zentrum › S. 90.

39 Wild-Ost-Romantik Als Erinnerung an die guten masurischen Wildgerichte, zu denen gern leicht nussig-buttrig schmeckende Buchweizengrütze *(kasza gryczana)* serviert wird, sollten Sie sich im Supermarkt mit *kasza* eindecken, etwa in der Galeria Galaxy › S. 58 in Stettin.

40 Volle Montur Die Souvenirstände an der Marienburg › S. 117 sind eine wahre Freude für alle Faschingsfreunde und Hobbyritter, denn hier gibt es nicht nur Ritterschwerter, Schilde und Helme, sondern auch Pfeil und Bogen in allen Größen.

41 Fromme Weisen Die CD des Organisten von Frombork › S. 127 lässt einen himmelhoch jauchzen bei der Erinnerung an den herrlichen Dom, Kopernikus und den atemberaubenden Blick in die Sterne über dem Frischen Haff.

... BLEIBEN LASSEN SOLLTEN

42 Unhöflichkeiten Der Mann hält der Dame die Tür auf, hilft ihr in den Mantel – und verteilt manchmal auch Handküsse. Zucken Sie nicht zurück. Der polnische Mann ist ein Gentleman, und Damen sollten sich über Komplimente herzlich freuen.

43 Kritik an der katholischen Kirche Die Polen sind meist gläubige Katholiken, die den Papst tief verehren. Man sollte daher auf kritische Äußerungen verzichten.

44 Polenwitze Die Polen haben Humor, aber auch ihren Stolz. Abgedroschene Pointen über Autodiebstahl o. Ä. werden weder dem Fortschritt im Lande noch der feinen Ironie der Menschen gerecht.

45 Bernstein von Straßenhändlern Es ist viel Plastik im Handel. Echten Bernstein erhält man bei anerkannten Schmuckgeschäften und Designern, wo er seinen Preis hat.

46 Strand vermüllen Vor allem der Zerfall von Plastikmüll dauert lange. Möwen fressen alles und verenden dann qualvoll.

47 Wild campen Es gibt genug gepflegte, direkt an den Dünen gelegene Campingplätze.

48 Dünenschutz missachten Die Dünen und ihre Bepflanzung sind ein wichtiges Element des Küstenschutzes. Deshalb: nur auf den dafür vorgesehenen Pfaden betreten.

49 Auf Straßenregeln pochen Die Polen sind stolz auf ihre PS-starken SUVs und zeigen bei rasanten Überholmanövern risikofreudig bis todesmutig, was so ein Auto kann.

50 Phosphor sammeln Sie sind von Bernstein kaum zu unterscheiden, selbstentzündlich und führen zu Verbrennungen: die Phosphorklumpen, die als Relikte der Bombardements im Zweiten Weltkrieg bis heute angespült werden.

Sandwege durchziehen die schützenswerten Dünenlandschaften

Die Fischkutter am Strand von Międzyzdroje sind Farbtupfer vor blauem Himmel und blauem Meer

REISEPLANUNG & ADRESSEN

DIE REISEREGION IM ÜBERBLICK

Ein heller Gürtel feinen Sandstrands zieht sich über 500 km von der deutsch-polnischen Grenze auf der Insel Usedom Richtung Osten; landeinwärts liegen Seenplatten, von denen die masurische die schönste ist.

Sopots lange Mole, Treffpunkt für Einheimische und Urlauber

Die **Stettiner Bucht** reicht von der unteren Oder bis zur Küste. Sie umfasst das Delta des Flusses, der sich hier zu einem riesigen Haff weitet und mit drei Armen, vorbei an den Inseln Usedom und Wolin, in die Ostsee mündet. Einen Besuch lohnen vor allem Stettin sowie das Seebad Międzyzdroje, das zugleich der beste Zugangsort zum Woliński-Nationalpark ist.

Vielfältig ist auch die **Pommersche Küste:** Niedrige Kliffs wechseln ab mit sanft ansteigenden Dünen. Spektakulär präsentiert sich der Słowiński-Nationalpark, wo sich zwischen zwei Strandseen und das Meer ein Dünengebirge schiebt. Westlich von ihm liegen traditionsreiche Seebäder wie Kołobrzeg, Darłówko und Ustka; östlich ist die Küste einsam und wild – ein naturbelassener Strand reiht sich an den nächsten.

Im Osten schließt sich die **Danziger Bucht** an: Die alte Hansestadt bildet zusammen mit dem mondänen Badeort Sopot und der Hafen-City Gdynia die von den Polen Trójmiasto genannte Dreistadt. Landeinwärts erreicht man in einer knappen Stunde die **Kaschubische Schweiz.**

Oder man begibt sich ins **Erm- und Oberland** zwischen Frischem Haff und Masurischer Seenplatte. Ebenso wie die Region **an der unteren Weichsel** stand das Gebiet lange unter der Herrschaft der Deutschordensritter. Sehenswert sind die Marienburg und Toruń (Thorn), eine intakte mittelalterliche Universitätsstadt, beide UNESCO-Weltkulturerbe.

Und wer in die Natur abtauchen will, fährt nach **Masuren,** ins Land der dunklen Wälder und kristallenen Seen.

KLIMA & REISEZEIT

Das Klima Nordpolens ist mit dem in Norddeutschland vergleichbar. Der kontinentale Einfluss sorgt jedoch für größere Beständigkeit: Die Winter sind kalt, die Sommer meist heiß – je weiter östlich, umso ausgeprägter.

Die östlich von Masuren gelegene Suwałki-Region wird auch »polnischer Nordpol« genannt, denn dort wird es bis zu –37° C kalt. Winterurlaub an der Küste ist nur etwas für Hartgesottene; dagegen sind die tief verschneiten masurischen Seen und Wälder ein echter Geheimtipp – eine Märchenwelt aus Kindertagen.

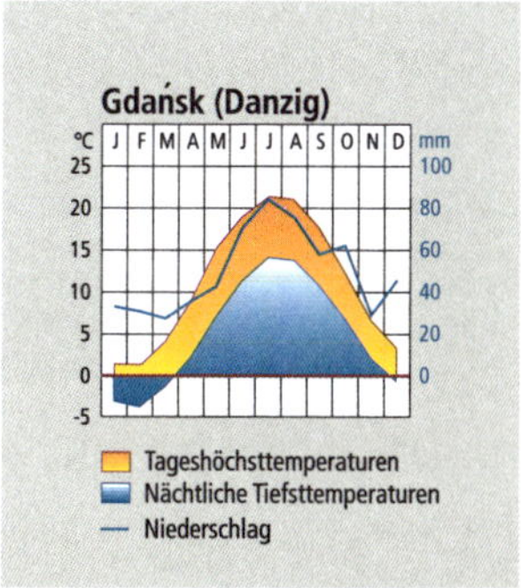

Im November/Dezember und von März bis Mitte Mai ist das Wetter unberechenbar. Danach wird es beständiger. Der sonnige August ist die beste Reisezeit, während es im Juli häufig regnet. Der Ostwind bringt meist längere Perioden guten Wetters mit sich, der – leider häufigere – Westwind beschert Abkühlung und Wolken.

Die bevorzugte Reisezeit vieler Landeskenner ist der goldene Herbst von September bis etwa Mitte Oktober, wenn der masurische Wald zur bezaubernden Farbkulisse wird. Der Touristenstrom ist dann bereits abgezogen, und die Tage sind häufig noch spätsommerlich warm und sehr sonnig.

ANREISE

MIT DEM FLUGZEUG

- **Lufthansa/LOT:** von München und Frankfurt/Main nach Danzig, von Berlin, Düsseldorf, Frankfurt/Main, Hamburg, München und Stuttgart nach Warschau. Von Warschau weiter mit Flug, Zug oder Bus nach Danzig oder Stettin (www.lufthansa.de, www.lot.com)
- **Eurowings:** von Berlin, Dresden, Düsseldorf, Hamburg und Leipzig nach Warschau (www.eurowings.com)
- **Wizzair:** von Hamburg, Frankfurt-Hahn und Dortmund sowie von Köln-Bonn und Wien nach Danzig (www.wizzair.com)
- **Ryanair:** von Düsseldorf-Weeze nach Bydgoszcz (www.ryanair.com)

MIT DEM AUTO

Wer mit dem eigenen Wagen durch Polen reist, braucht die Zulassungsbescheinigung Teil 1, den nationalen Führerschein und ein Nationalitätskennzeichen. Falls Sie mit einem fremden Auto fahren, benötigen Sie zudem eine formlose Nutzungsbevollmächtigung vom Fahrzeughalter.

MIT DER BAHN

Viermal täglich verkehrt der Berlin-Warschau-Express mit Anschlusszügen von Poznań z. B. nach Toruń und weiter nach Olsztyn (Masuren). Auf der Strecke Berlin–Stettin gilt der günstige Tarif des Verkehrsverbunds Brandenburg-Berlin (www.vbb.de). In Stettin kann man umsteigen in Züge nach Danzig und Masuren sowie an die Ostseeküste.

MIT DEM BUS

Polen ist von vielen deutschen Städten aus bequem mit dem Bus erreichbar. Zur Auswahl stehen zahlreiche regelmäßige Verbindungen von Veranstaltern wie Eurolines, Flixbus, Polskibus und Sindbad-Reisen.

REISEN IM LAND

MIT DER BAHN

Per Bahn (www.pkpsa.pl) erreichen Sie viele Orte, doch sind die Züge an der Küste langsam und oft überfüllt; Expresszüge verkehren nur zwischen den großen Städten. Die Fahrkarten kauft man am Schalter im Bahnhof (Dworzec PKP), eine Platzreservierung ist empfehlenswert. Wer volle Abteile scheut, kauft sich die 50 % teureren Fahrkarten der ersten Klasse. Bahnpässe (Interrail Poland Pass, www.polrail.com) für drei, vier, sechs oder acht

Tage lohnen nur für Vielfahrer; vor Ort gibt es günstige Wochenend- bzw. Familientickets. Auf den Bahnhöfen kann man Rucksack und Koffer in sicheren Gepäckaufbewahrungen deponieren *(przechowalnia bagażu)*.

MIT DEM BUS

Zwischen den polnischen Ortschaften verkehren Überland- bzw. Fernbusse. Der nationale Autobusverkehr wird vom Unternehmen PKS unterhalten. Viele Fernbusverbindungen bedient Polski Express. Die Busbahnhöfe (Dworzec PKS) sind meist zentral gelegen – oft mit direktem Anschluss an die Eisenbahn. Fahrkarten für Fernbusse kauft man am Bahnhof, aber für Nachzügler besteht auch die Möglichkeit, diese beim Fahrer zu erwerben. Darüber hinaus gibt es zahlreiche Privatfirmen, deren Kleinbusse auf bestimmten Strecken verkehren; kleinere Dörfer sind oft nur auf diese Weise erreichbar. Fahrkarten erhält man ausschließlich beim Fahrer.

MIT DEM FLUGZEUG

Die Flughäfen in Bydgoszcz (Bromberg), Gdańsk (Danzig), Szczecin (Stettin) und Olsztyn-Mazury (Allenstein-Masuren) fliegt die polnische Airline LOT von Warszawa (Warschau) aus an (www.lot.com).

MIT DEM AUTO

Der Zustand der Straßen ist im Allgemeinen gut. Es gelten die folgenden Geschwindigkeitsbegrenzungen: innerorts 50 km/h (23–5 Uhr: 60 km/h), außerhalb 90 km/h, auf einspurigen Schnellstraßen 100 km/h, auf zweispurigen 120 km/h und auf Autobahnen 140 km/h. Die Promillegrenze liegt bei 0,2. Ganzjährig ist Abblendlicht auch tagsüber vorgeschrieben. Aufgepasst, Straßenbahnen haben grundsätzlich Vorfahrt! Der Abschluss einer Kurzkasko- und einer Insassenversicherung ist empfehlenswert. Bei Unfällen ist man verpflichtet, die Polizei zu benachrichtigen (Tel. 997 oder 112).

MIT DEM MIETWAGEN

Im Land gibt es inzwischen Niederlassungen aller großen internationalen Leihwagenfirmen mit Preisen, die den deutschen entsprechen. Um in Polen ein Auto mieten zu können, benötigen Sie den Reisepass, müssen mindestens 21 Jahre alt und seit einem Jahr im Besitz des Führerscheins sein.

STADTVERKEHR

In jeder größeren Stadt verkehren **Busse, Straßenbahnen** und in einigen Städten auch **Oberleitungsbusse**, meist von 5.30 bis 23 Uhr. Die Fahrkarten *(bilety)* kauft man an Automaten, Schaltern oder Kiosken und entwertet sie beim Einsteigen. Eine S-Bahn verbindet die Städte Danzig, Sopot und Gdynia. Wer ein **Taxi** nimmt, sollte prüfen, ob der Taxameter eingeschaltet ist. Nach 22 Uhr sowie an Sonn- und Feiertagen erhöht sich der Fahrpreis um 50 %.

MEISTER DER POMERANKA

Konzentriert und mit Hingabe arbeitet Jacek an einer Pomeranka

Das schnittige, fein lackierte Holzboot glänzt im Licht der Sonne, die Hel verwöhnt – vor allem jetzt im Sommer. Die Schönheit im kleinen Hafen von Jastarnia, sanft geschaukelt von den Wellen, zieht mich sofort in ihren Bann. Daneben verblassen die vielen knallbunten Segel der Kiter und Windsurfer, die über das Wasser sausen. Ich möchte nur dieses Boot einmal unter Segeln sehen, lieber noch erleben.

Und was für ein Glück: Meine Frage nach dem Besitzer führt mich zum Bootsbauer Jacek Struck, dessen Familie in dritter Generation eine kleine Werft in Jastarnia betreibt. Sein Großvater Robert ernährte die Familie noch vom Fischfang, baute aber seit 1920 nebenbei Arbeitsboote. Damals begann sich der Tourismus auf der sandigen Landzunge in der Danziger Bucht gerade zu entwickeln. Bis heute erinnert Jastarnia – bei allem Ferientrubel – mit tief geduckten Häuschen und Räuchereien noch immer an das einstige kaschubische Fischerdorf.

PROFESSION & PASSION

Ein waldig-würziger Duft von Holz liegt in der prickelnden Seeluft. Je näher ich der Werkshalle von Struck-Boat komme, umso intensiver wird er. Wo gehobelt wird, fallen Späne. »'bre« (Gut'n), begrüßt mich Jacek freundlich, aber knapp. Konzentriert arbeitet er – Sommer wie Winter, von Juni bis September oft zehn bis zwölf Stunden täglich – an einer Pomeranka, dem traditionellen Boot kaschubischer Fischer. Der gelernte Tischler ist ein leidenschaftlicher Bootsbauer und, genau wie seine Kunden, auch Segler. Die Pomeranka erfreut sich bei Segelfans und Freizeitsportlern großer Beliebtheit. »Ich baue Boote, auf denen man relaxen kann, die nicht mehr als Arbeitsschiffe dienen, sondern als Segelboote, auf denen man die ganze Familie mitnehmen und den Sonntagsausflug genießen kann«, sprudeln die Worte aus Jacek heraus, seine Augen blitzen. Dann widmet er sich wieder seinem Handwerk. Alleine, ebenso schweigsam wie sorgfältig. Früher unterstützte ihn sein Vater Juliusz, der sich 1989 selbstständig gemacht hatte und 2016 starb. »Zusammen haben wir etwa 30 Boote gebaut, ich habe mit 20, 21 Jahren angefangen und mit ungefähr 30 Jahren mein erstes eigenes Boot gebaut.« Gerade fertigt er eine 5 m lange Pomeranka, sein kleinstes Modell. Doch ob 5, 6, 7, oder gar 8 m, jedes einzelne ist ein wahres Kunstwerk, auf dessen Vollendung die Auftraggeber gern vier bis fünf Monate warten. Und die meisten lassen es sich nicht nehmen, dabei zu sein, wenn ihr Traumboot zum ersten Mal zu Wasser gelassen wird.

Doch so ein Holzboot »wächst« langsam. Jacek wählt im Wald von Darżlubie, westlich von Puck, geeignete Bäume aus. Die geschlagenen Stämme werden in Sägemühlen nahe Wejherowo zu Brettern geschnitten, anschließend lagern sie mehrere Jahre in der Werft, bis das Holz »reif« ist – Eiche für den Bootsrahmen, Lärche für den Rumpf, Fichte für Mast und Rigg.

SPIRIT DER DANZIGER BUCHT

»Mit der Pomeranka kann du das Ufer direkt ansteuern, sie braucht keine Marina – und es macht einfach Spaß damit zu segeln!« Jacek ist stolz, dass das den flachen Küstengewässern angepasste Plattbodenboot mit Gaffeltakelung und Schwert nach wie vor die Danziger Bucht prägt. »Besonders schön ist es, wenn viele Pomerankas zusammen segeln«, schwärmt der 52-Jährige. Jedes Jahr gibt es zwei Regatten, in Chałupy und Jastarnia. Die Holzboote gewinnen die Herzen der Zuschauer, darunter Gäste von Jaceks Campingplatz gegenüber der Werft. Da kann kein schnell fabriziertes Glasfiberboot mithalten. Liebevoll streichele ich zum Abschied noch mal über die Planken.

- **Jacek Struck bei der Arbeit**
  Struck-Boat
  ul. Mickiewicza 22 | 84-140 Jastarnia
  Mobiltel. 795 24 26 63
  www.struckboat.com
- **Mitsegeln auf einer Pomeranka**
  »Deneszka« | Port Jastarnia
  Mobiltel. 504 97 99 29
  Mai–Sept., 1–1,5 Std.
- **Pomeranka-Regatten**
  in der letzten Juliwoche findet die Regatta »Kaszubskie Łodzie pod Żaglami« (Kaschubenboote unter Segeln) in Chałupy statt
  Anfang August segeln die Pomerankas die »Regaty Dni Węgorza« (Aaltag-Regatta) in Jastarnia

SPORT & AKTIVITÄTEN

Aktivurlauber finden an Polens Ostseeküste zahlreiche Betätigungsmöglichkeiten: vom Wassersport bis hin zu Radtouren durchs Hinterland.

WASSERSPORT

Wassersportfreunde, ob mit Kanu, Kajak, Segel- oder Hausboot unterwegs, finden in den Seengebieten Nordpolens ihr Paradies. Außerdem kann man das herrliche Nass natürlich auch auf dem Surfbrett oder einfach auf der Luftmatratze genießen. Ausrüstungen werden in allen größeren Ferienorten vermietet. Beliebte Wassersportzentren mit modernen Marinas sind Giżycko › S. 141 und Sztynort › S. 143.

Mit dem eigenen oder einem gemieteten Boot können Sie in Masuren Hunderte von Kilometern schippern: Die größten Seen zwischen Węgorzewo (Angerburg) im Norden und Ruciane (Rudschanny) im Süden sind durch Kanäle und Schleusen verbunden. Das Gebiet ist so weitläufig, dass man die Natur vielerorts in völliger Abgeschiedenheit genießt. Die gängigen Hausboottypen darf man ohne Führerschein lenken. Wenn Sie aber ein Segel- oder Motorboot chartern wollen, brauchen Sie überall in Polen zumindest den internationalen Sportbootführerschein »Binnen Segel & Motor«. Den Internationalen Bootsschein fürs eigene Boot kann man beim deutschen Segler-Verband (www.dsv.org) beantragen.

Auch die Oberländischen Seen bei Iława (Deutsch-Eylau) erlauben es, weite Strecken ohne Unterbrechung, inklusive des Oberländischen Kanals › S. 124, allein von Wind oder Muskelkraft angetrieben, zurückzulegen. Man übernachtet ganz romantisch auf einem der mehr oder weniger offiziellen Biwakplätze an den Ufern.

Die wohl schönste Kanustrecke führt über 100 km auf der Krutynia (Kruttinna) durch 16 Seen von Sorkwity bis zur Mündung in den Jezioro Bełdany (Beldahnsee) › S. 145. Als attraktive Alternative gelten die Flüsse Radunia (Radaune) in Kaschubien, Czarna Hańcza östlich von Masuren sowie Drawa (Drage) und Parsęta (Persante) in Pommern.

WELLNESS PUR

- **Amber Baltic** in Międzyzdroje: entspannende Wellness- und Beautywochen. › S. 60
- **Jantar Spa** im Kurpark von Kołobrzeg: historische Villa wenige Schritte vom Strand. › S. 69
- **Bryza** auf Hel: Anwendungen von der Aromatherapie bis zur Zen-Meditation. › S. 77
- **Hotel SPA Dr. Irena Eris** bei Ostróda: Die Grande Dame der polnischen Kosmetikszene sorgt für entspannte Gesichtszüge. › S. 132

Die polnischen Seen, Flüsse und Kanäle lassen sich am besten im Kanu erkunden

Polnischer Kanutenverband

(Polski Związek Kajakowy)

Hier bekommt man auf Anfrage detaillierte Routenvorschläge.

- ul. Jana Kazimierza 45 | 01-248 Warszawa
  Tel. 022/8 37 14 70 | www.pzkaj.pl

WANDERN

Polen besitzt einige der schönsten Wandergebiete Europas. Im Norden bieten sich Masuren und die Nationalparks mit markierten Pfaden an; Karten gibt es an Kiosken und in Buchhandlungen. Zeltplätze und Herbergen liegen am Rande der Parks. Von Deutschland aus werden organisierte Studien- und Wanderreisen angeboten.

RADFAHREN

Nordpolen ist das ideale Urlaubsland für Radfans, und ganz vorne liegt Masuren. Die abwechslungsreiche, hügelige Landschaft ohne allzu steile Strecken ist besonders reizvoll. Von Elbląg führt der markierte Radweg »Greenvelo« am Frischen Haff entlang und im Grenzgebiet zur russischen Exklave Kaliningrad durch Ermland-Masuren (www.greenvelo.pl).

Schnellstraßen sollte man meiden, denn über diese rollt teilweise der Schwerlastverkehr Richtung Litauen und Weißrussland.

Wer möchte, kann seinen Drahtesel auf den meisten Bahnstrecken problemlos transportieren (mit einem Gepäckticket, 50 % des regulären Fahrpreises). Nur bei wenigen Intercityzügen ist dies nicht möglich. Erkundigen Sie sich vorab, ob die Mitnahme erlaubt ist und Gepäckwagen bereitstehen. Ansonsten verleihen viele Hotels in Masuren Räder, z. B. in Mrągowo › S. 139.

REITEN

Der Reitsport ist in Polen ausgesprochen beliebt und gut organisiert. Es gibt zahlreiche Gestüte, Pferdehöfe und Reitzentren, z. B. in Gałkowo bei Ruciane-Nida > S. 144.

Polnischer Reitverband
(Polski Związek Jeździecki)
Infos über Reitmöglichkeiten und Höfe erhält man auch beim polnischen Fremdenverkehrsamt > S. 153.

- ul. Karola Miarki 11 d | 01-496 Warszawa
  Tel. 022/4 17 67 00 | www.pzj.pl

ANGELN

Die Ostsee und vor allem die herrlichen Masurischen Seen sowie die sauberen Flüsse der Region sind ein wahres Dorado für Angler. Es darf nur mit Erlaubnis und natürlichen Ködern geangelt werden. Den Angelschein sowie Infos zu Schonzeiten, Schonmaßen und Tageslimits erhält man in größeren Hotels, in den örtlichen Reisebüros oder beim Anglerverband:

Polnischer Anglerverband
(Polski Związek Wędkarski)

- ul. Twarda 42 | 00-831 Warszawa
  Tel. 022/6 20 89 66 | www.zgpzw.pl

GOLF

Da im Sozialismus Golf als angeblicher Luxussport tabu war, sind Polens Golfplätze erst nach der Wende entstanden. Der älteste Platz des Landes ist zugleich auch der schönste: Er heißt **Amber Baltic,** liegt auf der Insel Wolin am Rand des Nationalparks und hat einen 18- sowie einen 8-Loch-Parcour (ul. Bałtycka 13, 72-514 Kołczewo, Mobiltel. 514 02 12 18, www.abgc.pl). Einen weiteren Golfplatz gibt es ca. 30 km südwestlich von Danzig (**Gdańsk Golf & Country Club,** 83-042 Postołowo, Tel. 058/6 83 71 00, www.golf.com.pl).

UNTERKUNFT

Vom einfachen bis zum luxuriösen Hotel, vom Motel bis zum Privatzimmer – jeder wird ein Plätzchen finden, um sein müdes Haupt zu betten.

In den Ferienregionen sowohl an der Küste als auch um die masurischen Seen gibt es zahlreiche komfortable, in jüngerer Zeit renovierte oder neu erbaute Hotels. Größter Anbieter auf dem polnischen Markt ist das international operierende französische Unternehmen Accor mit den Marken Ibis, Mercure, Novotel und Sofitel, an zweiter Stelle folgt die Tourismusgenossenschaft Gromada. »Schlafen wie die Grafen« kann man in historischen Hotels, die sich teils in aufwendig restaurierten oder wiederaufgebauten Schlössern befinden (www.hhpoland.com).

Doch so spontan man im Frühjahr, Herbst und Winter ein passendes Hotel finden kann, so schwierig kann es in den Sommermonaten werden: Im Juli und August sind in Polen Schulferien. Dann verbringen neben vielen Deutschen auch etliche Polen ihren Urlaub an der Küste und in Masuren – eine vorherige Zimmerbuchung ist in diesem Zeitraum sehr zu empfehlen.

An den Schnellstraßen sind in den letzten Jahren **Motels** wie Pilze aus dem Boden geschossen, die mit ihrer einfachen Ausstattung auf der Durchreise eine günstige Alternative sein können.

In Masuren sowie an der Ostseeküste sind **Privatzimmer** sehr beliebt. Die Touristeninformationen oder Zimmervermittlungen *(biuro zakwaterowania)* finden immer eine passende Unterkunft. Häufig sind freie Zimmer am Haus angezeigt (*noclegi* oder *pokoje wolne).*

Ferienhäuser von privat findet man im Internet, z. B. unter www.ferienhaus-polen.net; Ferien auf dem Bauernhof vermittelt u. a. www.agroturystyka.pl. Neben ganzjährig geöffneten Jugendherbergen (www.hihostels.com) gibt es vor allem in Danzig zahlreiche einfache Hostels. Schlichte Unterkünfte in Ferienheimen und kleine Hotels – meist auf dem Land – vermittelt auch die polnische Gesellschaft für Touristik und Heimatkunde (www.obiekty.pttk.pl).

An der Ostseeküste und um die masurischen Seen gibt es zahlreiche **Campingplätze.** Die Plätze der obersten Kategorie besitzen häufig ein Restaurant und ein Lebensmittelgeschäft und sind bewacht. Auf vielen kann man auch schlichte Bungalows oder Hütten mieten. Die meisten Plätze sind vom 15. Juni bis zum 30. September geöffnet. Die Preise sind im Vergleich zu Deutschland, Österreich und der Schweiz noch immer verhältnismäßig günstig. Unbewachte Zeltplätze *(miejsca biwakowe)* liegen zwar meist malerisch, haben aber keine sanitären Einrichtungen. Wildes Campen ist in Polen verboten. Ein Verzeichnis der Campingplätze erhalten Sie beim Polnischen Fremdenverkehrsamt › S. 153 oder unter www.pfcc.eu.

HOTELS MIT GESCHICHTE

- **Zamek Podewils** in Krąg: Hotel im größten Ritterschloss Pommerns, direkt am See. › S. 70
- **Hotel Apollo:** seit dem 19. Jh. die Topadresse am Strand von Darłowo. › S. 71
- **Neptun:** ehemaliges Kurhaus auf einer Sanddüne am Strand von Łeba. › S. 73
- **Zamek w Krokowej:** in wunderschönem Park gelegenes Schlosshotel, einst Sitz der Familie von Krockow. › S. 75
- **Hotel 1231:** schickes Boutiquehotel, untergebracht in einer ehemaligen gotischen Mühle des 13. Jhs. in Toruń. › S. 111
- **Hotel Krasicki:** Ruhige Nächte und toller Spa in der ehemaligen Residenz des ermländischen Fürstbischofs. › S. 129
- **St. Bruno:** verwinkelt-gemütliches Burghotel an der Drehbrücke in Giżycko. › S. 142

Ahoi – auch Landratten sind an Bord des Dreimasters und Museumschiffs Dar Pomorza in Gdynia willkommen

LAND & LEUTE

STECKBRIEF

- **Einwohner:** 7,4 Mio.
- **Regionale Gliederung:** unterteilt in die Woiwodschaften Zachodniopomorskie (Westpommern), Pomorskie (Pommern), Warmińsko-Mazurskie (Ermland-Masuren)
- **Flüsse:** Weichsel 1047 km, Oder 752 km in Polen, Drewenz 253 km
- **Berge:** Der 329 m hohe Wieżyca (Turmberg) ist die höchste Erhebung im Norden des Landes.
- **Größte Städte:** Danzig 465 000, Szczecin 405 000, Bydgoszcz 354 000, Gdynia 247 000 und Toruń 203 000 Einwohner

- **Religion:** 87 % der Polen sind römisch-katholisch.
- **Landesvorwahl:** 00 48
- **Währung:** Złoty
- **Zeitzone:** MEZ

LAGE

Polens Norden erstreckt sich gut 500 km entlang der Ostsee von der Grenze zu Deutschland im Westen bis zur russischen Grenze des Kaliningrader Gebiets im Osten.

POLITIK & VERWALTUNG

Nach dem Ende des kommunistischen Systems im Jahre 1989 wurde Polen mit der Verfassung von 1997 präsidiale Republik. Die Nachwendezeit war durch häufige Regierungswechsel zwischen den Post-Solidarność-Parteien (Regierungen 1989–1993, 1997–2001) und den sozialdemokratischen Postkommunisten (1993–1997, 2001–2005) geprägt. Die nationalistische Partei »Recht und Gerechtigkeit« (PiS) wurde 2007 von der neoliberalen Bürgerplattform (PO) unter Donald Tusk abgelöst, doch seit den Parlamentswahlen 2015 hat die PiS wieder die Mehrheit im *Sejm.*

Außenpolitisch gehört Polen seit 1999 zur NATO und seit 2004 zur EU. Aber nach dem strikt proamerikanischen Kurs bei der Stationierung von US-Raketen auf polnischem Boden sorgt derzeit die zunehmende EU-Kritik der PiS für Kontroversen mit den Verbündeten.

Erster Mann im Staat ist der Präsident, der für fünf Jahre direkt gewählt wird (seit 2015 Andrzej Duda). Seine Befugnisse sind weitgehend repräsentativ. Bei der Verwaltungsreform 1999 wurden aus 49 Woiwodschaften 16 größere Einheiten, die Bundesländern vergleichbar sind.

WIRTSCHAFT

Der Übergang vom Sozialismus zur Marktwirtschaft in den 1990er-Jahren wurde nach dem damaligen Finanzminister »Balcerowicz-Schocktherapie« genannt. Als zäh erwies sich die Restrukturierung der Schwerindustrie, die 100 000 Bergarbeiter den Arbeitsplatz kostete.

Noch heute arbeiten gut 15 % der Polen in der Landwirtschaft, viele davon auf Höfen, die nur der Selbstversorgung dienen. Nur größere, wettbewerbsfähige Betriebe erhalten EU-Direktbeihilfen. Ausländische Investoren sind stark präsent, angelockt von Billiglöhnen und einem großen Absatzmarkt. Im Zuge der Rezession 2009/2010 kamen viele der rund 2 Mio. polnischen Arbeiter aus Großbritannien und Irland zurück.

BEVÖLKERUNG

Vor 1945, als die Ostseeküste zum Deutschen Reich gehörte, lebten dort mehrheitlich Deutsche. Als Folge von Vertreibung und Auswanderung ist ihre Zahl auf einige Tausend geschrumpft. Die meisten heutigen Bewohner sind Nachkommen von Zuwanderern aus Zentralpolen und von Vertriebenen aus den nach 1945 unter sowjetische Herrschaft gefallenen Ostgebieten Vorkriegspolens, hinzu kommen zwangsumgesiedelte Ukrainer.

SPRACHE

Polnisch ist eine westslawische Sprache und am engsten mit den sorbischen Sprachen verwandt; es ist auch dem Slowakischen ähnlich und – entfernter – dem Tschechischen. Das Kaschubische, das in der Danziger Gegend noch von rund 50 000 Menschen gesprochen wird, ist eine eigenständige Sprache.

RELIGION

87 % der Polen sind Katholiken. Die 15 000 Kirchen des Landes sprechen für sich. Die Macht der Kirche ist geschichtlich begründet: Im 19. Jh. war sie eine Bastion des Polentums gegen die Besatzungsmächte, diese Rolle behielt sie während der NS-Besatzung und sogar während des kommunistischen Regimes bei. Gleichwohl bröckelt die kirchliche Macht. Kaum ein jüngerer Pole will sich vom Vatikan in Fragen der Empfängnisverhütung, Scheidung und Abtreibung etwas vorschreiben lassen. Mit der Demokratie hat die Kirche ihre politische Funktion verloren und mit der fortschreitenden Verwestlichung der Gesellschaft ihre ideologische Stärke.

Papst Johannes Paul II. wird in Polen bis heute verehrt

GESCHICHTE IM ÜBERBLICK

Die Ostseeküste ist seit der Steinzeit u. a. von ostgermanischen Stämmen besiedelt, die vom 4. Jh. an nach Westen auswandern. An ihre Stelle treten seit dem 6. Jh. slawische Stämme.

1000 Das erste Bistum Pommerns wird in Kolberg (Kołobrzeg) gegründet, besteht aber nur 16 Jahre und führt nicht zur gewünschten Christianisierung der Pomoranen.

1121 Der polnische Herzog Bolesław III. erobert Stettin und erteilt Otto von Bamberg den Auftrag, Pommern zu christianisieren.

1128 Infolge der zweiten Missionsfahrt Ottos von Bamberg erkennt der Stettiner Herzog Wartislaw I. die Oberhoheit des Deutschen Reiches an. Die Christianisierung ist mit der Gründung des Bistums Cammin (1176) abgeschlossen. Durch die deutsche Ostbesiedlung ändert sich in den folgenden 300 Jahren die ethnische Zusammensetzung in Pommern, bis der deutsche Bevölkerungsanteil überwiegt.

1230 Konrad I. von Masowien spricht dem Deutschen Orden das Kulmerland zu. Im Gegenzug verpflichtet sich dieser, die benachbarten Prußen zu unterwerfen. Der Orden gründet einen theokratischen Staat, in dem sich deutsche Siedler niederlassen. Die Städte schließen sich später der Hanse an.

1308–1309 Die Ordensritter besetzen das seit 1294 polnische

Das Museum des Zweiten Weltkriegs ragt wie ein Geschütz in den Himmel von Danzig

Pommerellen mit Danzig (zuvor eigenes slawisches Herzogtum).

1410 Vernichtende Niederlage des Deutschen Ordens in der Schlacht bei Tannenberg (poln. *Grunwald*) gegen Polen-Litauen, das unter der Jagiellonen-Dynastie Großmacht wird.

1466 Der Zweite Thorner Frieden beendet den Dreizehnjährigen Krieg zwischen dem Deutschen Orden und den durch hohe Steuerlast gebeutelten Bürgern, die sich der polnischen Krone unterstellen. Vom Ordensland fallen Pommerellen, Kulmerland, Marienburg und Elbing (Königlich-Preußen) sowie das Bistum Ermland an Polen, der Rest verbleibt dem Orden.

1525 Der letzte preußische Hochmeister tritt zum lutherischen Glauben über, unterwirft sich dem Polenkönig und erhält von ihm den verbliebenen Restordensstaat »Herzogtum Preußen« als Lehen.

1569 Polen hebt die autonome Stellung Preußens innerhalb des Königreichs auf; de facto unabhängig bleibt nur Danzig, das auch von der bis ins 18. Jh. ständig zunehmenden Polonisierung des Gebietes kaum betroffen ist.

1637 Die pommersche Herzogsfamilie der Greifen stirbt aus. Die Erbfolge in Hinterpommern (mit Stolp) geht an die Brandenburger über; Mittelpommern mit Stettin bleibt nach der Eroberung im Dreißigjährigen Krieg bis 1720 schwedisch.

1701 Nachdem sich 1656 das Herzogtum Preußen von der polnischen Oberhoheit befreit hat, wird Kurfürst Friedrich III. von Brandenburg in Königsberg als Friedrich I. zum »König in Preußen« gekrönt.

1772, 1793 In der Ersten Polnischen Teilung annektiert Preußen das Ermland und einen Großen Teil Königlich-Preußens, in der Zweiten Teilung u. a. Danzig und Thorn.

1918–1920 Nach dem Ersten Weltkrieg erlangt Polen seine Unabhängigkeit zurück und erhält im Versailler Vertrag 1919 den größten Teil der Provinz Posen und Westpreußens sowie als Zugang zur Ostsee den »Polnischen Korridor«. Danzig wird Freistadt innerhalb des polnischen Zollbereichs. Die Abstimmungsgebiete Marienwerder und Allenstein entscheiden sich 1920 für den Verbleib des südlichen Ostpreußens beim Deutschen Reich.

1939–1945 Der Zweite Weltkrieg beginnt mit dem deutschen Angriff auf die Westerplatte bei Danzig. Deutsche Truppen besetzen Polen. Nahezu die gesamte polnische Intelligenz wird vertrieben und in Konzentrationslager deportiert. 1945 bestimmen die Siegermächte bei der Potsdamer Konferenz die »Westverschiebung« Polens bis an die Oder-Neiße-Linie. Dafür muss Polen seine Ostgebiete an die Sowjetunion abtreten. Fast die gesamte deutsche Bevölkerung Pommerns, West- und Ostpreußens flüchtet oder wird vertrieben.

1980–1981 Die Gewerkschaft Solidarność beginnt in Danzig durch Streiks und Demonstrationen die Macht der kommunisti-

schen Partei zu untergraben. Die Ausrufung des Kriegsrechts am 13.12.1981 setzt dieser Entwicklung ein Ende.
1989 Gespräche zwischen kommunistischer Partei, Kirche und Opposition ermöglichen Wahlen, die den Kommunisten eine vernichtende Niederlage einbringen.
1990 Unterzeichnung der Verträge über die Anerkennung der Westgrenze Polens und die friedliche Zusammenarbeit zwischen Polen und Deutschland. Lech Wałęsa, Führer der Solidarność, wird zum ersten Präsidenten des demokratischen Polen gewählt.
1995 Wałęsa unterliegt bei den Präsidentenwahlen dem Postkommunisten Aleksander Kwaśniewski.
1999 Beitritt Polens zur NATO.
2004 Polen wird EU-Mitglied.
2007 Der Neoliberale Donald Tusk löst den katholisch-konservativen Premier Jaroslaw Kaczyński ab.
2010 Präsident Lech Kaczyński und andere hochrangige Landesvertreter verunglücken auf dem Weg zu einer Gedenkfeier in Katyn (Weißrussland) tödlich.
2012 Anlässlich der Fußballeuropameisterschaft, die Polen gemeisam mit der Ukraine ausrichtet, wird die Infrastruktur ausgebaut.
2014 Der polnische Ministerpräsident Donald Tusk wird am 30. August EU-Ratspräsident.
2018 Polen feiert das 100. Jubiläum der Gründung der Zweiten Polnischen Republik.
2018/2019 Bei der Abschlussfeier der alljährlichen Weihnachtsspendengala WOSP im Dezember 2018 wird der Danziger Bürgermeister Pawel Adamowicz (PO) auf der Bühne niedergestochen und stirbt am 14. Januar 2019. Die politischen Lager schlagen trotzdem harsche Töne an – mit Blick auf die Parlamentswahlen im Herbst.

KUNST & KULTUR

ARCHITEKTUR

Im Norden Polens befinden sich zahlreiche grandiose Bauten, allen voran die des Deutschordensstaates aus dem 13. bis 15. Jh. Die Ordensritter bauten Burgen (herausragend die Marienburg), die Bischöfe und Domherren Kathedralen und Residenzen (Lidzbark Warmiński), die reichen Patrizier Kirchen und prächtige Profanbauten (Danzig, Toruń).

Die mittelalterliche Architektur Pommerns beeindruckt darüber hinaus vor allem mit den romanischen Kirchen von Kamień Pomorski und Kołbacz sowie mit den außerordentlichen Werken der Backsteingotik von Hinrich Brunsberg (1350–1428), dem wichtigsten Architekten dieser Region im Nordosten Europas: Die Stettiner Hallenkirchen St. Peter und Paul sowie St. Jacobi aber auch die Marienkirche in Stargard mit ihrem Sterngewölbe im Umgangschor sind typisch für sein Schaffen.

Eine der besterhaltenen Deutschordensburgen ist die in Lidzbark Warmiński

Durch architektonischen Reichtum überzeugt allerdings besonders die Hansestadt Danzig. Mit dem blühenden Handel ging ein reger Kulturaustausch einher. Vermögende Patrizierfamilien und Kaufmannsgilden beauftragten flämische und niederländische Meister der Renaissance, des Manierismus und Barock wie Anthonis van Opbergen, Willem und Abraham van den Blocke, Vredeman de Vries u. a.

1945, als Ostmitteleuropa ein einziges Trümmerfeld war, schlug die Geburtsstunde der heute weltberühmten polnischen Restauratorenschule. Man begann mit der Warschauer Altstadt, deren originalgetreuer Wiederaufbau für die Identität eines um Millionen Menschen dezimierten und nach Westen verschobenen polnischen Staates bedeutsam war. Dann machte man sich an Danzig, womit der Anspruch auf die Stadt unterstrichen wurde. Heute zählt das Ergebnis: Der historische Kern ist in voller Schönheit wiedererstanden. Hinter den Spätrenaissance- oder Barockfassaden verbergen sich moderne Wohnungen. Kritiker dieses historisierenden Vorgehens verglichen die restaurierten Städte mit Disneyland. Ein Blick auf das nur halbherzig rekonstruierte Stettin zeigt jedoch die Richtigkeit der Entscheidung. Universitätsfakultäten für Denkmalpflege wurden gegründet, deren Know-how in alle Welt exportiert wird.

LITERATUR

Überliefert sind Chroniken des Deutschen Ordens aus dem 14. Jh. und kaschubische Schriften aus dem 16. Jh. Ansonsten ist die Entwicklung der Literatur eng mit der der verschiedenen Machthaber verknüpft: Deutsche, Schweden, Polen, darunter der große polnische Aufklärer Ignacy Krasicki (1735–1801), der auf der Burg in Lidzbark Warmiński lebte.

Der deutschsprachige Autor Ernst Wiechert (1887–1950; »Die Jerominkinder«, »Wälder und Menschen«) gehört zu den Schriftstellern, die sich mit ihrer Heimat Masuren beschäftigen. Die Naturverbundenheit ist wesentliches Element seiner Zivilisationskritik. In späteren Romanen setzt Wiechert sich auch mit dem Nationalsozialismus auseinander. In der Folge des Krieges schrieben einige Flüchtlinge ihre Erinnerungen an die »alte Heimat«, etwa auf ostpreußischen Adelsgütern wie Marion Gräfin Dönhoff (1909–2002; »Kindheit in Ostpreußen«, »Namen die keiner mehr nennt«).

Einen ganz anderen Ton schlägt Siegfried Lenz (1926–2014) an, der in Ełk (Lyck) geboren wurde, »einer Kleinstadt zwischen zwei Seen, von der die Lycker behaupten, sie sei die Perle Masurens«. In »So zärtlich war Suleyken« zeichnet Lenz das liebevolle Bild eines Fantasiedorfes. an das nach wie vor einige Ecken der Region erinnern. Ebenfalls zu empfehlen sind die Bücher von Arno Surminski (geb. 1934; »Aus dem Nest gefallen«, »Jokehnen« und »Polninken«). Vor allem zwei Werke versuchen, sich mit der Vergangenheit auseinanderzusetzen: das »Heimatmuseum« von Siegfried Lenz und die »Danziger Trilogie« von Nobelpreisträger Günter Grass (1927 bis 2015), aus der die »Blechtrommel« weltberühmt und 1979 von Volker Schlöndorff erfolgreich verfilmt wurde.

Auch die polnischsprachigen Schriftsteller widmen sich der deutsch-polnischen Geschichte – vor allem Danzigs – wie Paweł Huelle (geb. 1957) mit »Weiser Davidek« (1987) und »Castorp« (2004) oder Stefan Chwin (geb. 1949) mit »Der Tod in Danzig« (1997). Die jüngere Generation richtet ihren Blick eher auf die Nachwendezeit, übt Kritik an Kapitalismus, Katholizismus und Nationalismus. Dorota Masłowska (geb. 1983) lässt die Gegenwart in ihren Romanen »Schneeweißchen und Russenrot« und »Die Reiherkönigin« ziemlich trostlos und aggressiv erscheinen.

»DIE BLECHTROMMEL« IN DANZIG

Wer auf den Spuren von Günter Grass bzw. des Helden der »Blechtrommel« wandeln will, fährt nach Danzig. Am unscheinbaren Geburtshaus des Literaturnobelpreisträgers im Vorort Langfuhr (Wrzeszcz, ul. Lelewela 13) prangt ein Zitat aus seinem Roman, ein paar Gehminuten weiter, am plac Wybickiego, wurde dem kleinen Oskar ein Denkmal errichtet: In Lebensgröße sitzt er auf der Bank und trommelt bis in alle Ewigkeit ...

Auch Kraniche statten dem Stettiner Haff gern einen Besuch ab

NATUR & UMWELT

Das gängige Bild von Polens Norden als Naturidyll trifft weitgehend zu: Da gibt es Wälder, in denen noch Wisente vorkommen, von uralten Bäumen gesäumte Alleen, verschlafene Dörfer mit Hunderten von Störchen.

Mehrere Nationalparks – Woliński, Słowiński, Drawieński, Tucholski, Wigierski und Biebrzański – schützen die schönsten Gebiete. Außerdem gibt es zahlreiche Naturreservate und Landschaftsparks. 27 % der Gesamtfläche Polens sind bewaldet; die größten Waldgebiete liegen im Norden, darunter die Puszcze, die Urwälder bei Augustów, Pisz (Johannisburger Heide) und Tuchola (Tucheler Heide). Seltene Tiere wie Seeadler, Wisent, Tarpanpferd, Elch und Sumpfschildkröte sind hier zu Hause.

Die EU-Beihilfen für den Umweltschutz haben die Wasserqualität in Masurens Seen verbessert, auch wenn noch nicht jeder kleinere Ort an ein Klärwerk angeschlossen ist und die Besucherzahlen sprunghaft angestiegen sind. Überall in Masuren kann man heute bedenkenlos baden, denn die Wasserqualität wird ständig überprüft. Es gibt sie also durchaus noch, die sprichwörtlich kristallklaren Seen Masurens.

FESTE & VERANSTALTUNGEN

FESTKALENDER

Januar: Um den **Dreikönigstag** stürzen sich die sog. Walrösser aus Kolobrzeg zum Baden in die eiskalte Ostsee (www.morsowanie.kolobrzeg.pl).

März/April: An **Ostermontag** finden festliche Prozessionen statt.

Mai: Das Theaterfestival **Kontrapunkt** in Stettin präsentiert experimentelle Bühnenkunst (www.kontrapunkt.pl). In Toruń werden abwechselnd das Internationale Theaterfestival **Kontakt** und das Nationale Nachwuchsfestival **Pierwszy Kontakt** veranstaltet (www.teatr.torun.pl).

Mai/Juni: farbenprächtige Prozessionen zu **Fronleichnam**

Juni: Bei der **Bootsprozession der Fischer** am St.-Peter-und-Paul-Tag (29. Juni) fahren bunt geschmückte Kutter von Jastarnia nach Puck über die Danziger Bucht.

Juni–August: Beim **Kammermusik- und Orgelfestival** in Kamien Pomorski, beim **Internationalen Orgelmusikfestival** in Oliwa und beim **Orgelmusikfestival** in Frombork spielen Meisterorganisten.

Juli: Zum Countryfestival **Piknik** im masurischen Mrągowo verkleiden sich viele Besucher als Cowboys (www.piknik.mragowo.wm.pl).

Bei der Regatta **Bote Pod Zoglame** (Boote unter Segeln) in Chałupy darf alles aufs Meer, was sich über Wasser hält.

Zum **Internationalen Ritterturnier** in Golub-Dobrzyń gehört ein mittelalterlicher Markt (www.zamekgolub.pl).

Beim **Jarmark Kaszubski** Ende Juli in Kartuzy feiern die Kaschuben ihre Kultur mit Volksmusik und -tanz, Kunsthandwerksmarkt und Kulinaria.

Die Ostseeregatta **Baltic Sail** führt Windjammer und Dickschiffe aus aller Welt in die historischen Häfen von Stettin und Danzig (www.balticsail.info).

Die **Schlacht von Grunwald** am 15. Juli 1410 wird historisch getreu nachgespielt (www.grunwald1410.pl).

Ende Juli/Anf. August: Der **Dominikanermarkt** in Danzig findet seit 1260 (!) statt.

BUNTE MÄRKTE

- Beliebt sind in Polen Shoppingcenter wie die **Galeria Galaxy** in Stettin, wo man nach Herzenslust und bei jedem Wetter nach internationalen Marken, Mode, Schuhen, Kosmetik, Schmuck usw. stöbern kann. > S. 58
- Auf dem **Grenzmarkt** in Świnoujście wird allerlei Kitsch verkauft, wie Gartenzwerge, aber auch nützlicher Krimskrams, wie Sonnenbrillen und Taschen. > S. 60
- In und vor der **Danziger Markthalle** kann man sich mit Proviant eindecken: Fisch, Fleisch, Wurst, Brot und Käse sowie Gemüse und Obst. > S. 89
- Auf dem **Dominikanermarkt** in Danzig gibt es interessante Antiquitäten – aber Schnäppchen kann man hier kaum machen. > S. 92
- Der **Jarmark Kaszubski** in Kartuzy bietet neben Festivitäten und Fressständen auch einen Kunsthandwerksmarkt. > S. 99

In Golub-Dobrzyń treffen Ritter in Rüstung auf Zuschauer in Shorts

August: Parallel zum Danziger Dominikanermarkt findet das **Shakespearefestival** statt (www.teatrszekspirowski.pl).
Jazzgrößen treffen sich in Iława zur **Złota Tarka** (www.zlotatarka.pl).
Beim **Pol'and'Rock Festival** (früher Haltestelle Woodstock) spielen in Kostryn nad Odrą polnische und internationale Bands (polandrockfestival.pl).
Im masurischen Wallfahrtsort Św. Lipka wird **Mariä Himmelfahrt** (15. Aug.) mit viel Pomp und Tausenden Gläubigen begangen.
Zum **Interfolk-Festival** in Kołobrzeg kommen Folkloreensembles aus der ganzen Welt.
September: Das **Filmfestival** in Gdynia zeigt und prämiert die besten polnischen Produktionen (www.festiwalgdynia.pl).
Beim **Klavierfestival** im Schloss von Słupsk beweisen die besten polnischen Pianisten ihr Können (www.stsk.eslupsk.pl).
Viel besucht ist auch das **Open Air Hip Hop Festival** in Wejherowo (www.oahhf.pl).
Dezember: In der Adventszeit organisieren u. a. Stettin und Danzig Weihnachtsmärkte.

ESSEN & TRINKEN

Die traditionelle polnische Küche ist eher fleischlastig und üppig, sodass ein Wodka nach dem mehrgängigen Essen als reine Medizin erscheint. Aber inzwischen gibt es viele junge Köche mit internationaler Erfahrung, die typische alte Rezepte modern und leicht interpretieren.

Ob der Wodka polnischen oder russischen Ursprungs ist, darüber scheiden sich bis heute die Geister. Typisch polnisch ist jedenfalls der *bigos*, ein Sauerkrauteintopf, der in den einfachsten Gaststätten wie in den exklusivsten Restaurants serviert wird. Der echte Bigos muss aus edlen Zutaten bestehen,

Ob zur Suppe, zum Eintopf oder pur: ein Landbrot schmeckt immer

aus Wild, Steinpilzen und trockenem Rotwein. Das Gericht muss mindestens einen Tag vor dem Verzehr zubereitet werden. Viele sagen sogar, dass es mit jedem Aufwärmen besser schmeckt.

Viele sehen die Stärke der polnischen Küche in den Suppen, die es in unglaublicher Vielfalt gibt. Vornan steht die berühmte Rote-Bete-Suppe, Borschtsch *(barszcz)*. Es gibt sie als klare Suppe *(barszcz czysty)*, mit Fleischtaschen, sogenannten Öhrchen *(barszcz z uszkami)*, süß mit Sahne *(barszcz zabielany)* und als *botwinka*, bei der die Rote-Bete-Blätter in der Suppe belassen werden. *Chłodnik*, eine kalte Variante aus Roter Bete, Dickmilch, Sahne, Gurken, Schinken und einem hartgekochten Ei, ist das ideale Gericht für heiße Sommertage. Im ganzen Land ebenso beliebt ist der *żurek*, eine saure Roggenmehlsuppe, die man mit Kartoffeln, Wurst und Ei zubereitet. *Czernina*, Gänseschwarzsauer, und *flaki*, Kuttelsuppe, sind dagegen nicht jedermanns Sache. *Czernina* findet man heute selten, allgegenwärtig sind dagegen die *flaki*. Die Kutteln werden in einer pikanten Brühe gekocht.

FISCH- & WILDGERICHTE

Im Norden Polens hat man die Ostseeküste, Seen und Flüsse, aber auch Wald direkt vor der Haustür, sodass Fisch- und Wildgerichte an erster Stelle stehen. Pilze und Beeren vervollständigen das Angebot der Natur.

Entlang der Ostseeküste, aber auch rund um die Masurischen Seen gibt es zahlreiche Fischer, die ihren Fang frisch oder geräuchert an die ortsansässigen Restaurants und Fischbuden verkaufen. An der Ostsee werden vor allem Dorsch *(darz)*, Flunder *(flądra)*, Hering *(śledź)* und Heilbutt *(halibut)* angeboten, oft einfach gebraten oder frittiert mit Kartoffeln bzw. Pommes frites. Besonders das feste Fleisch des Heilbutts ist auch geräuchert eine Delikatesse, genauso wie Räucherlachs *(łosoś wędzony)* und Lachswürstchen *(łosoś kiełbasa)*. Aus den fischreichen Seen der Kaschubischen Schweiz und Masurens kommen Zander, Forellen, Hecht und Aal auf den Tisch.

Fleischgerichte sind beliebt, und Wild wird ganz besonders geschätzt. Im Herbst und Winter stehen Fasan, Hase, Reh und Wildschwein auf der Speisekarte. Als Beilage wird bisweilen eine leicht nussig schmeckende Buchweizengrütze *(kasza gryczana)* gereicht.

Zu empfehlen sind auch *pierogi* (Teigtaschen), traditionell gefüllt mit Fleisch *(z mięsem)*, mit Kraut und Pilzen *(z grzybami i kapustą)* oder Quark *(pierogi ruskie)*. Vegetarier können den gebratenen Speck obendrauf weglassen und sich mit gerösteten Zwiebeln begnügen oder gleich mit Spinat oder Roter Bete gefüllte *pierogi* essen, aber nicht als Haupt-, sondern nur als Zwischenmahlzeit oder als Vorspeise, in der süßen Version mit Quark und Waldbeeren durchaus auch als Desert. Zum einfachen Essen wird gern *kompot* getrunken, Saft von eingekochten Früchten wie Kirschen und Pflaumen.

Eine riesige Kuchenauswahl oder crêpesähnliche *naleśniki* mit fruchtiger Marmelade, Blau-, Him- oder Brombeeren beschließen das Mahl.

TEE GEHÖRT ZUR GASTFREUNDSCHAFT

Herbata alias Tee wird traditionsgemäß in Gläsern serviert. Aus einer kleinen Teekanne mit vorbereiteter *esencja* wird etwas Tee-Essenz eingeschenkt und mit heißem Wasser aufgegossen. Man trinkt den Tee mit viel Zucker und ohne Milch. Ein Glas Tee gehört zur polnischen Gastfreundschaft. Kaum hat ein Gast das Haus betreten, wird ihm auch schon Tee angeboten.

Kawa, also Kaffee, wurde traditionell *po turecku*, auf türkisch, serviert, d.h. der Kaffeesatz bleibt im Glas. Inzwischen haben aber auch deutscher Filterkaffee und italienischer Espresso Einzug gehalten.

Unter den alkoholischen Getränken dominiert Bier *(piwo)*. Das polnische Bier schmeckt in der Regel etwas milder als das deutsche. In Danzig sollte man Heweliusz, in Koszalin Brok probieren.

OHNE WODKA GEHT ES NICHT

Von keiner Tafel wegzudenken ist der Wodka, der zwischen den Gängen und auch am Ende der Mahlzeiten getrunken wird. Ob Roggen- *(żytnia)* oder Kartoffelwodka, mit Bisongrashalm *(żubrówka*, in Deutschland als *Grasovka* vertrieben) oder koscher *(koszerna)*, ganz gleich: Man hat die Qual der Wahl.

Polnische Restaurants sind meist täglich durchgehend von 12 bis 22 Uhr geöffnet; viele schließen erst, wenn der letzte Gast gegangen ist.

DIE BESTEN FISCHLOKALE

- Das Stettiner **Paprykarz** versteht sich auf Auswahl und Zubereitung von Meeresgetier. > **S. 57**
- Exzellenter Fisch wird im **Pergola** an Kołobrzegs Promenade serviert, mit Meerblick. > **S. 70**
- Frische Ware, günstig obendrein, gibt es bei **Captain Morgan** in Hel. > **S. 77**
- Für ein feines Dinner geht man ins Danziger Traditionshaus **Zum Lachs** (»Pod Łososiem«). > **S. 91**
- Maritime Gemütlichkeit genießt man im **Targ Rybny** am Danziger Fischmarkt. > **S. 92**
- An Sopots Strand geht es zu wie am Bahnhof: Im **Przystań** wird das bestellte Fischgericht über Lautsprecher ausgerufen. > **S. 98**

Von der Speicherinsel erblickt man das Mottlauufer mit dem Krantor in voller Schönheit

TOUREN & SEHENSWERTES

STETTINER BUCHT

Im Woliński-Nationalpark wachsen Kiefern in den Himmel

Pommerns wichtigste Stadt lohnt vor allem wegen der restaurierten Altstadt und der Hafenanlagen an der Oder einen Besuch. Der Fluss weitet sich zum Stettiner Haff, das die Inseln Usedom und Wolin von der Ostsee trennen.

Stettin, die wichtigste Stadt Pommerns, ist eine jugendlich-lebendige Stadt. Ein Bummel durch die kleine, z.T. rekonstruierte Altstadt mit dem Alten Rathaus und dem Schloss macht ebenso Spaß wie ein Besuch der zur Oder hinabführenden, pompösen Hakenterrasse. Von hier bietet sich ein Blick über das Hafengebiet, auf dem sich einst Europas größte Werft befand. Mit einem Ausflugsschiff kann man sich durch die Hafenanlagen schippern lassen oder einen Trip aufs Große Haff unternehmen. Großstädtisch präsentiert sich Stettin jenseits der Altstadt mit Prachtbauten aus der Gründerzeit, sternförmig angelegten Alleen und weitläufigen Parks. Nach dem städtischen Sightseeing folgt das Badevergnügen: Die breitesten Strände der Ostsee findet man in **Świnoujście** und **Międzyzdroje.** Die Insel Wolin, eine von drei Inseln, die das Mündungsdelta der Oder bilden, wartet im **Woliński-Nationalpark** mit einer überwältigenden Landschaft auf. Das zum tosenden Meer hin steil abfallende hügelige Land ist seit Urzeiten von einem herrlichen Mischwald überzogen. Wanderungen und Radtouren auf markierten Wegen bieten ebenso eine Abwechslung zum Badespaß wie ein Orgelkonzert im Dom von **Kamień Pomorski.**

TOUREN IN DER REGION

TOUR 1

RADTOUR AUF ZWEI INSELN

ROUTE: Międzyzdroje > Łunowo > Przytór > Fähre Karsibór > Świnoujście > Fähre Centrum > Warszów > Międzyzdroje

KARTE: Seite 50
LÄNGE: 42 km
PRAKTISCHE HINWEISE:

- Räder verleiht z. B. das Hotel Amber Baltic > **S. 60.**
- Radfahrer können die Fähren, die regelmäßig zwischen den Inseln Wolin und Usedom pendeln, kostenlos nutzen.
- Der Radweg ist erst blau, dann grün (R-10) markiert.

TOUR-START:

Prächtiger Laubwald, zwei Fährpassagen über die Świna, Seebäder und viel Strand – dies ist die ideale Einstiegstour für alle Pedaltreter! Vom Zentrum in **Międzyzdroje** 4 › S. 60 fährt man südwärts auf der ul. Nowomyśliwska, passiert die Zugunterführung und erreicht in Lubiewo die Straße E65 Wolin–Świnoujście. Ein kurzes Stück folgt man ihr westwärts und biegt nahe dem ersten Gebäude links in den blau markierten Radweg ein. Breit und bequem folgt er einer in den Wald geschlagenen Hochspannungstrasse 5 km bis Łunowo. Hier biegt man erst links in den Schotterweg ul. Gajowa, dann rechts in die ul. Zalewowa ein. Die blauen Markierungszeichen führen zum Dorf Przytór auf eine viel befahrene Straße, der man nach links 3 km zur Anlegestelle Karsibór folgt. Hier setzt man mit der Fähre über nach Usedom.

Am gegenüberliegenden Ufer geht es nordwestwärts weiter. Der weiterhin blau markierte Radweg verläuft parallel zur belebten Straße durch dichten Wald. Nach 4 km ist **Świnoujście** 3 › S. 58 erreicht – am attraktivsten präsentiert sich das Seebad im Strand- und Parkbereich.

Vom Zentrum der Stadt setzt man mit der Fähre wieder auf die Insel Wolin über und folgt der Barlickiego-Straße. Ab hier ist der Radweg als R-10 mit grünen Markierungen versehen. Hinter dem Vorort Warszów quert man einen Bahnübergang nach links und folgt der ul. Ku Morzu nordwärts Richtung

Küste. Bevor sie erreicht ist, kommt man zu einer Gabelung und biegt rechts ab – als Landmarke dient ein gut sichtbarer Turm in 2 km Entfernung. Durch Wald führt der Radweg R-10 parallel zur Küste zurück nach Międzyzdroje.

TOUR 2

WANDERUNG IM WOLIŃSKI-NATIONALPARK

ROUTE: Międzyzdroje › Wisentreservat › Warnowo › Wisełka › Międzyzdroje

TOUREN IN DER STETTINER BUCHT

TOUR 1

RADTOUR AUF ZWEI INSELN

Międzyzdroje › Łunowo › Przytór › Fähre Karsibór › Świnoujście › Fähre Centrum › Warszów › Międzyzdroje

TOUR 2

WANDERUNG IM WOLIŃSKI-NATIONALPARK

Międzyzdroje › Wisentreservat › Warnowo › Wisełka › Międzyzdroje

TOUR 3

AUF SCHMALER SPUR LÄNGS DER KÜSTE

Trzęsacz › Rewal › Niechorze › Pogorzelica

KARTE: Seite 50
LÄNGE: 23 km (Tagestour)
PRAKTISCHE HINWEISE:

- Der Weg ist anfangs grün, ab Wisełka rot markiert; Einkehr ist in Wisełka möglich, doch mehr Spaß macht ein Picknick am Strand.
- Badesachen und Sonnenschutzmittel nicht vergessen!
- Hilfreich ist der Kauf der Karte »Woliński Park Narodowy« (Parkverwaltung im Naturkundemuseum Międzyzdroje) › S. 60.

TOUR-START:

Vom Zentrum in **Międzyzdroje** 4 › S. 60 führt der grün markierte Weg (R-10) ostwärts zum Wisentreservat (Zagroda Pokazowa Żubrów). Weiter geht es in östlicher Richtung auf dem Waldweg bis zum Dorf Warnowo und zum gleichnamigen See. Unmittelbar anschließend läuft man am Ufer des Czajczesees entlang und kommt ins Dorf Wisełka. Hier quert man die Straße 102 und folgt der ul. Leśna durch das Eingangstor des Nationalparks › S. 61 (wer will, kann hier auf dem schwarz markierten Weg einen Abstecher zum Leuchtturm Kiekut unternehmen: zusätzlich 4 km). Die Haupttour führt nordwestwärts zum Strand, wo die spektakulärste Etappe beginnt: 8 km wandert man am Fuß der Steilklippen durch weißen Sand – zur Rechten das Meer, in dem man sich immer wieder erfrischen kann. Vorbei an bunten Fischerbooten geht es schließlich ins Zentrum von Międzyzdroje zurück.

Karte S. 50

TOUR 3

AUF SCHMALER SPUR LÄNGS DER KÜSTE

ROUTE: Trzęsacz › Rewal › Niechorze › Pogorzelica

KARTE: Seite 50
LÄNGE: Trzęsacz › Pogorzelica ca. 10 km, Fahrtdauer 30 Min.
PRAKTISCHER HINWEIS:

- Man kann an jeder Station aussteigen und mit der nächsten Bahn weiterfahren.

TOUR-START:

»Ciuchcia Retro« heißt die dampfbetriebene altertümliche Bahn, die an jedem Maiwochenende sowie von Juni bis Mitte September täglich in Gryfice startet und nach Pogorzelica fährt. Da sie äußerst gemütlich durch die pommersche Landschaft tuckert, benötigt sie für die 55 km lange Strecke fast zwei Stunden! Anschließend pendelt die Bahn den ganzen Tag zwischen Pogorzelica und Trzęsacz, bevor sie abends ins Eisenbahnmuseum von Gryfice zurückkehrt. Das ermöglicht einen schönen Halbtagesausflug: Nach Besichtigung der Kirche von **Trzęsacz** 7 › S. 63, die einst 2 km landeinwärts stand, nun aber haarscharf am Abgrund thront, steigt man in den Retro-Express und lässt sich nach Rewal bringen, einem beliebten Kurort. Hier lohnt ein Spaziergang am brandungsumtosten Strand. Nächste Station ist Niechorze mit einem Leuchtturm, der weiten Ausblick über die raue, nordisch anmutende Landschaft verschafft. Bei klarer Sicht erkennt man am Horizont sogar die dänische Insel Bornholm! In Pogorzelica angekommen, empfiehlt sich ein Picknick in den Stranddünen, bevor man sich wieder auf den Rückweg macht.

VERKEHRSMITTEL

Von Stettin kommt man per Zug oder Bus zur Küste. Dort verbinden Busse mehrmals täglich alle größeren Orte.

UNTERWEGS IN DER REGION

SZCZECIN (STETTIN)

1 A3

Die einst flächenmäßig drittgrößte deutsche Stadt zählt heute 405 000 Einwohner und liegt am Westufer der Oder, 20 km vor deren Mündung ins Stettiner Haff (Zalew Szczeciński). Stettin ist industrielles und kulturelles Zentrum von Westpommern (Pomorze Zachodnie), das etwa der historischen Region Hinterpommern entspricht.

1945 wurde die Parole ausgegeben: »Stettin ist zum polnischen

Ein spanisch-italienisches Architektenteam entwarf die 2014 eingeweihte Philharmonie

Mutterland zurückgekehrt«. Diese Geschichtsklitterung sollte den Polen helfen zu vergessen, dass sie die Großstadt nur der Gnade Stalins verdankten. Waren die Polen im 12. Jh. Herren über das slawische Stettin, übernahm es im 13. Jh. die Dynastie der Greifen. Später wurde die Stadt von Deutschen besiedelt, die erst infolge des Zweiten Weltkriegs vertrieben wurden; in ihre Häuser zogen die gleichfalls vertriebenen Polen ein. Für die heute hier lebenden Menschen ist Stettin längst zur selbstverständlichen Heimat geworden.

Die Stadt besitzt den neben Danzig und Gdynia (Gdingen) wichtigsten Hafen Polens und eine bedeutende Werft. Mit einer Universität, zahlreichen Hochschulen, Theatern und Konzertsälen ist Stettin auch kulturell eine der führenden Städte Polens. Weltruhm erlangte die 1729 hier geborene Sophie Friederike von Anhalt-Zerbst als Katharina die Große, Zarin von Russland.

Sämtliche sehenswerten Baudenkmäler konzentrieren sich im einstigen Stadtzentrum nahe der Oder, sodass man sie im Rahmen eines zwei- bis dreistündigen Spaziergangs ganz bequem besichtigen kann. Die um das Jahr 2000 entstandene historisierende Bebauung der Altstadt lehnt sich in Höhe und Breite an die früheren Häuser und Straßen an. Eine Bereicherung stellen hingegen die spektakulären Neubauten von Philharmonie und Dialogzentrum dar.

HAKENTERRASSE Ⓐ

Am besten beginnen Sie Ihren Spaziergang auf der Vorzeigestraße Stettins, der auf Polnisch als Wały Chrobrego bezeichneten Hakenterrasse, benannt nach dem Stettiner Oberbürgermeister Hermann Haken (1828–1916). Er ließ sie zwischen 1900 und 1914 anlegen.

Die Terrasse führt von der Uferpromenade hinauf zu drei repräsentativen Gebäuden: Das ehemalige **Regierungsgebäude** rechter Hand (heute Woiwodschaftssitz) mit patinierten Kupferdächern ist dem Stil der niederländischen Renaissance nachempfunden. Auf der Fassade des **Nationalmuseums** in der Mitte (ul. Waly Chrobrego 3, www.muzeum.szczecin.pl, Di–Do, Sa 10–18, Fr, So 10–16 Uhr, Eintritt 12/6 zł) sind große Architekturleistungen der Menschheit dargestellt, darunter der Kölner Dom. In der ehemaligen **Landesversicherungsanstalt** links hat die Marinehochschule Aufnahme gefunden.

AM HAFEN

Nicht weit entfernt ist der Kai für die **Ausflugsschiffe** Ⓑ (Dworzec Morski, ul. Jana z Kolna), die in das riesige **Hafengelände** mit unzähligen Kanälen und zum Dammschen See (Jezioro Dąbie) fahren. 1894 begann man mit dem Bau des Hafens zwischen den beiden Oderarmen, einst neben Kopenhagen der größte Freihafen an der gesamten Ostsee.

PETER-UND-PAUL-KIRCHE Ⓒ

Ein kurzer Umweg führt zur spätgotischen Kirche Peter und Paul (Kościół śśw. Piotra i Pawła). Hier soll die erste Stettiner Kirche gestanden haben, in der der hl. Otto von Bamberg auf seiner Missionsreise 1124 predigte. Das wohlproportionierte Gotteshaus ist mit Glasursteinen verziert. Von den Außenwänden blicken Terrakottaköpfe herab.

DIALOGZENTRUM UMBRÜCHE Ⓓ

Aus dem Pflaster des Solidarność-Platzes bricht der Ausstellungspavillon des Nationalmuseums hervor. Damit verweist die Architektur bereits von außen auf die Multimediadokumentation im Innern: Hier wird die Zeit des Umbruchs in Polen zwischen 1970 und 1989, von den ersten Streiks, die blutig niedergeschlagen wurden, über die Jahre des Kriegsrechts bis zum Ende des Kommunismus und des Warschauer Pakts sehr anschaulich dargestellt (Centrum Dialogu Przełomy, pl. Solidarności 1, www.przelomy.muzeum.szczecin.pl, Di–Do, Sa 10–18, Fr, So 10–16 Uhr, Eintritt 10/5 zł).

PHILHARMONIE Ⓔ

Die Stettiner Philharmonie beeindruckt hingegen mit Leichtigkeit. Denn die schmalen, spitzgiebligen Baukörper scheinen aus feinem Papier gefaltet zu sein. Bei Dunkelheit erstrahlen sie von innen heraus illuminiert in bunten Farben. Das Foyer konzentriert sich ganz auf die Farbe Weiß, die beiden Konzertsäle, deren Akustik vollends überzeugt, auf Schwarz und Gold (Filharmonia im Mieczysława Karłowicza, ul. Małopolska 48, Tel. 091/4310720, www.filharmonia.szczecin.pl).

SCHLOSS DER HERZÖGE VON POMMERN F

Vom hohen Oderufer grüßt das Herzogsschloss (Zamek Książąt Pomorskich) – eine Kombination aus Gotik, Renaissance und Barock. Als man das im Krieg zerstörte Gebäude ab 1958 wieder aufbaute, orientierte man sich am Stich des Baslers Matthäus Merian des Jüngeren (1621–1687). Im Innenhof ist eine Uhr aus dem 17. Jh. angebracht, in der ein Mohr im Sekundentakt mit den Augen rollt und ein Harlekin jede Viertelstunde die Glocken schlägt. Wegen des tollen Ausblicks lohnt sich der mühsame Aufstieg zum Glockenturm (ul. Korsarzy 34, www.zamek.szczecin.pl, Di–So 10 bis 18 Uhr, Eintritt 6/4 zł; Glockenturm Mai–Okt. 10–18, Juli/Aug. bis 20 Uhr).

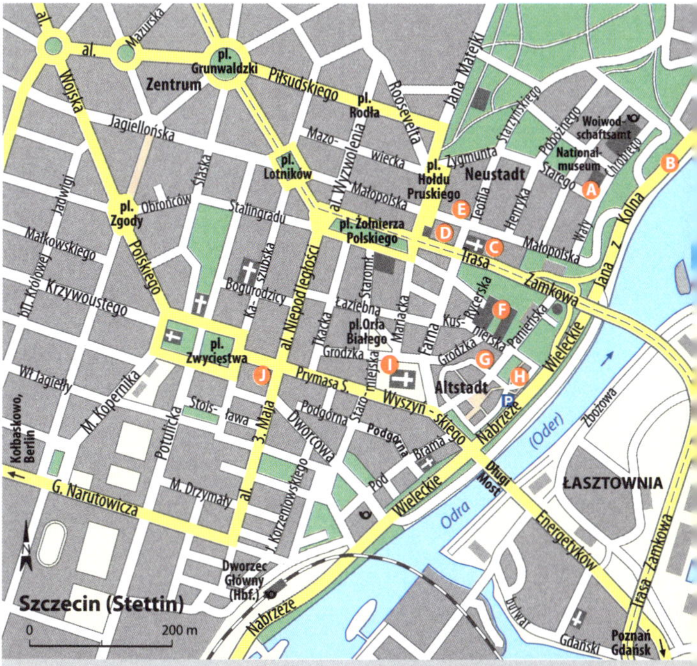

- A Hakenterrasse (Wały Chrobrego)
- B Ausflugsschiffe (Dworzec Morski)
- C Peter-und-Paul-Kirche (Kościół śśw. Piotra i Pawła)
- D Dialogzentrum Umbrüche (Centrum Dialogu Przełomy)
- E Philharmonie (Filharmonia)
- F Schloss der Herzöge von Pommern (Zamek Książąt Pomorskich)
- G Patrizierhaus Loitzenhof (Kamienica Loitzów)
- H Altes Rathaus (Stary Ratusz)
- I Jakobikirche (Kościół św. Jakuba)
- J Hafentor (Brama Portowa)

Früh am Morgen ist vom Trubel des Tages auf Stettins Heumarkt noch nichts zu spüren

PATRIZIERHAUS LOITZENHOF G

Das von dem Schweizer Abraham Dubendorf erbaute Patrizierhaus gehörte im 15./16. Jh. der Familie Loitze. Die sagenhaft reiche Familie gab dem letzten Jagiellonen auf dem polnischen Thron, König Sigismund II. August, einen Riesenkredit und ging daran Bankrott. Der vierstöckige Loitzenhof (Kamienica Loitzów) ist ein für Ostseestädte typisches Bürgerhaus aus der Übergangszeit von der Gotik zur Renaissance. Heute nutzt die Kunsthochschule Stettin das aufwendig restaurierte Bauwerk.

ALTES RATHAUS H

Wenige Schritte entfernt können Sie eine Schauwand mit Giebeln und Fialen bewundern, wie man sie von den Rathäusern in Lübeck oder Stralsund kennt. Diese Rekonstruktion aus der Nachkriegszeit gehört zum Alten Rathaus, heute Sitz des Landesmuseums (Stary Ratusz, ul. Mściwoja II 8, Di–Do, Sa 10–18, Fr, So 10–16 Uhr, www.muzeum.szczecin.pl, Eintritt 12/6 zł).

An Neu- und Heumarkt beim Rathaus zitieren einige Häuser von 2000/2001 Fassaden der 1944 zerstörten Altbauten.

JAKOBIKIRCHE I

Der bedeutendste Kirchenbau der Stadt, Kościół św. Jakuba, ist seit 1945 Bischofssitz. Im 14. Jh. begannen die Bauarbeiten, die 200 Jahre dauern sollten. Nur der Chor und Teile des Turmes überstanden den Zweiten Weltkrieg. Der Turm wurde mit spitzem Helm und Aussichtsterrasse wieder aufgebaut. Von oben bietet sich ein weiter Blick. Am Hochaltar und in der Sakramentskapelle sind Fragmente zweier gotischer Flügelaltäre erhalten (Turm So–Do 10–18, Fr/Sa bis 20 Uhr, Eintritt 10/6 zł).

PLAC ZWYCIĘSTWA

Nach einem kurzen Spaziergang in Richtung Westen ist der Plac Zwycięstwa erreicht, der ehemalige Hohenzollernplatz mit dem **Hafentor** J (Brama Portowa; 1771), dem früheren Berliner Tor. Es ist eines der beiden erhaltenen Prunktore Stettins und ein Werk des Holländer Architekten Cornelius von Wallrave. Die Inschrift erinnert an den Kauf der Stadt: Im Jahr 1720 erwarb der Preußenkönig Friedrich Wilhelm I. Stettin von den Schweden »mit gerechten Verträgen und für einen gerechten Preis«.

INFO

Centrum Informacji Turystycznej

- pl. żołnierza Polskiego 20
  70-551 Szczecin | Tel. 091/4 34 04 40
  www.szczecin.eu
- im Schloss: ul. Korsarzy 34
  Tel. 091/4 89 16 30

HOTELS

Radisson Blu €€€

Das noch immer beste Hotel der Stadt bietet 369 komfortable Zimmer und Suiten. Mit Kasino, Nachtklubs, Pool und einem Spabereich auch für Nichthotelgäste (www.spabaltica.pl).

- pl. Rodła 10 | 70-419 Szczecin
  Tel. 091/3 59 55 95
  www.radissonblu.com/hotel-szczecin

Atrium €€

Restauriertes Gründerzeithaus im Zentrum. 30 modern eingerichtete DZ, Studios und Apartments, alle mit WLAN. Kaminsaal, Sauna, Tiefgarage.

- al. Wojska Polskiego | 70-481 Szczecin
  Tel. 091/4 24 35 32 | www.hotel-atrium.pl

Dana €€

Boutiquehotel in einem für das 19. Jh. typischen Eckhaus mit Restaurant und Wellnessbereich.

- al. Wyzwolenia 50 | 71-500 Szczecin
  Tel. 091/820 77 00 | www.hoteldana.pl

Ibis Szczecin Centrum €€

Unweit vom Hauptbahnhof gelegenes, funktionales und recht preiswertes Haus.

- ul. Dworcowa 16 | 70-215 Szczecin
  Tel. 091/4 80 18 00
  www.accorhotels.com

RESTAURANTS

Browar Stara Komenda €€

Hausgebrautes Bier – Pils, Lager, Weizen und eine Spezialität des Monats wie Keller-, Alt- oder Rauchbier – sowie gutes Essen in gemütlichem Rahmen.

- pl. Batorego 3 | 70-207 Szczecin
  Tel. 091/4234445
  www.starakomenda.pl

Karczma Polska Pod Kogutem €€

Traditionelle polnische Küche, mit vielen Fleisch- und Mehlspeisen, auch *bigos*, Kartoffelpuffer und hausgemachte Blutwurst.

› **mehr S. 14 Punkt 11**

- pl. Lotników 3 | 70-414 Szczecin
  Tel. 091/4 34 68 73
  www.karczmapodkogutem.pl

Na Kuncu Korytarza €€

Pommersche Küche im Schloss, unter den Gästen sind viele Theaterleute.

- ul. Korsarzy 34 | 70-540 Szczecin
  Mobiltel. 601 73 23 00
  www.nakuncu.pl

Paprykarz €

Stylishes Fischrestaurant mit offener und schnörkellos guter Küche.

• al. Jana Pawła II 42 | 70-415 Szczecin
Tel. 091/433 22 33
www.paprykarz.com.pl

Spiżarnia Szczecińska €
Zentral gelegenes Kellerlokal mit zeitgemäß leicht interpretierter polnischer Küche.
• pl. Hołdu Pruskiego 8
70-550 Szczecin | Tel. 091/488 88 81
www.spizarniaszczecinska.pl

SHOPPING

Galeria Galaxy
Am liebsten gehen die Stettiner in schicke Passagen, z. B. in die Galeria Galaxy. Hier findet man Läden mit internationalen Marken, viel Gastronomie und Mega-Kinos.
> mehr S. 18 Punkt 39
• al. Wyzwolenia 18
70-554 Szczecin
www.galaxy-centrum.pl
Mo–Sa 9–21 Uhr

AUSFLUG NACH STARGARD 2 B3

Ein schöner Halbtagesausflug führt durch die fruchtbare Stettiner Tiefebene ins 40 km östlich gelegene Stargard. Neben reizvoller Landschaft erwartet Sie einer der bedeutendsten Kirchenbauten von ganz Pommern. Der Architekt der **Marienkirche** (Kościół Najświętszej Marii Panny) ist einer der wenigen namentlich bekannten Meister der Backsteingotik: Hinrich Brunsberg (1350–1428). Er hat auch die Katharinenkirche in Brandenburg und die Pfarrkirche in Chojna (Königsberg in der Neumark) gebaut.

Brunsberg verwandelte Ende des 14. Jhs. das als Hallenkirche konzipierte Gotteshaus in eine riesige Basilika, indem er das Mittelschiff erhöhte. Die imposante Größe sollte die Bedeutung der Stadt Stargard widerspiegeln, die Stettin im Spätmittelalter ebenbürtig war. Die Außenwände sind ein gutes Beispiel für den dekorativen Stil Brunsbergs: Profilierte glasierte Backsteine und fantasievolle Keramikmasken machen die Fassade zu einem wahren Kunstwerk. Im gewaltigen Innenraum – das Hauptschiff ist über 30 m hoch – fasziniert das prächtige Sterngewölbe.

Neben der Kirche fällt die überreich verzierte Rundgiebelfassade des **Rathauses** (16. Jh.) auf. Die ungewöhnliche Form des spätgotischen Blendmaßwerks mit sich durchkreuzenden Kreisformen und Vierpässen stammt aus Sachsen. Stargards Befestigungsanlagen sind noch auf 1 km Länge erhalten. Eine Rarität ist das **Mühlentor** (Brama Młyńska): Von zwei Türmen flankiert, überspannt es den Fluss Mała Ina (Kleine Ihna). Mit einem Fallgitter konnte der Zugang zur Stadt für Schiffe verschlossen werden.

ŚWINOUJŚCIE (SWINEMÜNDE) 3 A2

Polens westlichste Stadt (41 000 Einw.) liegt auf den Inseln Wolin und Usedom an der Grenze zu Deutschland: Ausflugsschiffe (www.adler-schiffe.de, Mai–Sept.) und die Züge der DB-Regio-Nordost-Linie

Die Mühlenbake weist den Schiffen bei Świnoujście den Weg in die Swine

RB 23 (www.bahn.de/mecklenburg-vorpommern) fahren nach Ahlbeck, Heringsdorf und Bansin; auch die Europapromenade für Fußgänger und Radfahrer verbindet längs der Ostseeküste Świnoujście mit den deutschen Kaiserbädern. Vom Fährhafen auf Wolin gelangt man nach Schweden. > mehr S. 12 Punkt 6 und S. 18 Punkt 36

Swinemünde dient seit 1720 als Seehafen von Stettin. Im 19. Jh. entwickelte sich die geschäftige Hafenstadt zu einem eleganten Seebad – ein Anspruch, dem die Stadt heute wieder gerecht werden will. Der breite Strand und der teils im 19. Jh. durch Peter Joseph Lenné angelegte Kurpark bieten dafür gute Voraussetzungen. Das Flair vergangener Zeiten vermitteln vereinzelte Sommerhäuser aus dem 19. Jh.

SCHÖNE AUSSICHTSPUNKTE

- Der Leuchtturm von **Świnoujście** ist der höchste an der polnischen Ostseeküste. > **S. 58**
- Vom **Gosań** im Woliński-Nationalpark blicken Sie auf steile Klippen. > **S. 61**
- Polens Nordpol: Spektakulär ist **Kap Rozewie** inmitten einer wildherben Szenerie. > **S. 76**
- Vom Glockenturm auf dem Domhügel in **Frombork** genießt man eine fantastische Ausicht auf die Stadt und das Haff. > **S. 126**
- Im masurischen **Łuknajno** blickt man aus dem Uferdickicht auf Europas größte Höckerschwankolonie. > **S. 138**

Der wirtschaftlichen Vergangenheit des Ortes widmet sich das **Museum für Hochseefischerei** im alten Rathaus u. a. mit Schiffsmodellen und Navigationsinstrumenten (pl. Rybaka 1, Juli/Aug. Mo–Fr 9–19, Sa 9–17, So 10–15, sonst Di–Sa 9–17, So 10–15 Uhr, Eintritt 7/5 zł).

Mit der kostenlosen Fähre setzt man auf die Insel Wolin über. Dort lohnt der Besuch des 1857 erbauten **Leuchtturms.** Mit 68 m ist er Polens höchster; von der Aussichtsplattform bietet er nach rund 300 Treppenstufen einen wahrlich spektakulären Blick an der Ostseeküste entlang (Latarnia Morska, Juli/Aug. tgl. 9–20, April–Juni, Sept./Okt. tgl. 10–18, Nov.–März tgl. 10–16 Uhr, Eintritt 8/5 zł).

INFO

Touristeninfo

- pl. Słowiański 6/1 | 72-600 Świnoujście
  Tel. 091/3 22 49 99 | www.swinoujscie.pl

HOTELS

Trzy Wyspy Hotel & Spa €€€

Dreisternehotel mit großem Wellnessangebot, Pool, Sauna, Restaurants und Radverleih in Strandnähe.

- ul. Cieszkowskiego 1 | 72-600 Świnoujście
  Tel. 091/8 84 00 00 | www.trzywyspy.pl

Polaris €€

Schlichtes Hotel mit gutem Service. Entschlackungs- und Entspannungskuren, deren Kosten deutsche Krankenkassen z. T. übernehmen. Massagen und Moorpackungen, Wasser- und Lasertherapien.

- ul. Słowackiego 33 | 72-600 Świnoujście
  Tel. 091/3 21 54 12
  www.hotelpolaris.pl

RESTAURANTS

Empfehlenswert sind die Hotelrestaurants. An Fischbratküchen und Imbissständen können Sie den kleinen Hunger stillen.

SHOPPING

Auf dem **Grenzmarkt** am westlichen Ortsrand gibt es (fast) alles zu kaufen, viel Kitsch, aber auch Kleidung, DVDs sowie Zigaretten, Wurst, Käse, Obst und Gemüse.

MIĘDZYZDROJE (MISDROY) 4 A2

Der Ort (6000 Einw.) entwickelte sich Mitte des 19. Jhs. zum mondänen Seebad. Zahlreiche Villen des Fin de Siècle zeugen von der Atmosphäre der schon früher sehr geschätzten Sommerfrische. Heute ist Międzyzdroje Ziel vieler Feriengäste aus Polen und Deutschland. Das **Naturkundemuseum** ist ein guter Startpunkt, um den Woliński-Nationalpark zu erkunden (ul. Niepodległości 3a, Mai–Sept. Di–So 9–17, Okt.–April Di–Sa 9–15 Uhr, Eintritt 7/5 zł inkl. Wisentreservat › S. 62).

INFO

Touristeninformation

- IT | ul. Promenada Gwiazd 2
  72-500 Międzyzdroje
  Tel. 091/3 28 27 78
  www.mdkmiedzyzdroje.com

HOTELS

Amber Baltic €€€

Eines der besten Hotels an der Küste, mit Indoor- und Outdoor-Pool, Tennis- und Golfplätzen sowie eigenem Strandabschnitt. Das Wellnessangebot umfasst Massagen, Hydrotherapien und Schönheitsbehandlungen.

- ul. Promenada Gwiazd 1
  72-500 Międzyzdroje
  Tel. 091/3 22 85 00
  www.viennahouse.com

Willa Dusia €
Restaurierte Villa in Bäderarchitektur, altmodisch eingerichtet und familiär, ruhig und in Strandnähe.

- ul. Mickiewicza 17 | 72-500 Międzyzdroje
  Tel. 091/3 28 00 20 | www.dusia.pl

RESTAURANTS

Die Imbisse an der Seepromenade – z. B. neben der Mole – servieren u. a. Flunder, Dorsch und Heilbutt.

FEST

Beim **Wikingerfest** Anfang August in Wolin, 17 km von Międzyzdroje, wird das Mittelalter lebendig (www.jomsborg-vineta.com).

WOLIŃSKI-NATIONALPARK ★1 5 A2

In der Mitte der Ostseeinsel Wolin liegt der etwa 100 km² große Wolinski-Nationalparks (Woliński Park Narodowy, www.wolinpn.pl). Die Endmoräne schuf hier Höhenunterschiede von bis zu 115 m, entsprechend führt die Straße in stetigem Auf und Ab durch den Buchenwald.

Die bis zu 93 m hohen Klippen der imposanten Steilküste, die ständig Wind und Wasser ausgesetzt sind, weichen immer weiter zurück, sodass die mächtigen Baumstämme kippen und auf den Strand fallen, was ihm eine urzeitliche Erscheinung verleiht. Den besten Ausblick hat man von der Gosań-Klippe, dem höchsten Punkt der Küste: Halten Sie am Parkplatz gut 1,5 km östlich Międzyzdroje an der Straße

Międzyzdrojes Strand ist einer der schönsten an der polnischen Ostseeküste

Im Woliński-Nationalpark sind fast 40 km Wanderwege ausgeschildert

102. Dort biegt ein Waldweg ab, der nach 500 m nahe dem Kliff endet.

Beachtlich ist die Vielfalt der Flora und Fauna: Es dominieren zwar Buchen, aber auch Kiefern, Eichen und die seltenen Eiben wachsen hier. Das Symbol Wolins ist der Seeadler, der lautlos über der Insel kreist. Weitere 200 Vogelarten und insgesamt 1300 Pflanzenarten sind im Nationalpark heimisch.

Nette Wanderwege führen von **Międzyzdroje** > S. 60 zu den schönsten Teilen des Parks: Rote Zeichen markieren den Weg entlang der Küste, blaue führen zum Haff und zum Türkisen See (Jezioro turkusowe in Wapnica), einem in einem alten Kreideberg angelegten See mit türkisgrünem Wasser (Badeverbot).

Die grüne Markierung bringt Sie, vorbei an einem Gehege mit Wisenten, zu den malerischen Seen im Osten des Parks (Tour 2 > S. 51). Der Wisent, ein Verwandter des Bisons, dessen weltgrößte Herde im ostpolnischen Białowieża zu Hause ist, war bis ins 14. Jh. auch in Pommern heimisch (Zagroda Pokazowa Żubrów, Mai–Sept. Di–So 10–18, sonst Di–Sa 8–16 Uhr, Eintritt 7/5 zł inkl. Naturkundemuseum > S. 60).

KAMIEŃ POMORSKI (CAMMIN) 6 A2

Das Städtchen (10 000 Einw.) wird in der Neuzeit als Solebad geschätzt. Von 1176 bis zur Reformation war Cammin Bistum, was es auch blieb, als Stettin bereits Hauptstadt Pommerns geworden war. Die Versandung des Oder-Mündungsarmes Dziwna (Dievenow), des einzigen Zugangs zum Meer, leitete allerdings den Niedergang der einst blühenden Handelsstadt ein.

Eines der wenigen Gebäude, die den Zweiten Weltkrieg unbeschadet überstanden haben, ist der 1176 gestiftete **St.-Johannis-Dom** (Katedra św. Jana) nordöstlich des Marktes. Von dem Granitbau aus dem 12. Jh. ist nur das nördliche Querschiff erhalten. Der spätromanischen ersten Backsteinkirche folgte ein Umbau in der Gotik, den man wiederum barockisierte. Der Hochaltar und eine Kanzel gehören noch zum Originalbestand aus Hochgotik und Barock.

Das Prunkstück der Kathedrale ist die Orgel aus dem Jahr 1669, deren herrlicher Klang nicht nur Musikliebhaber begeistert. Die Orgelpfeifen werden von vergoldeten Heiligenfiguren bekrönt. Der Stifter, Bischof Boguslaw de Croy, ist auf einem von Cherubinen gehaltenen Bild verewigt.

Zwischen Mitte Juni und Mitte August zieht das **Internationale Festival der Orgel- und Kammermusik** Besucher aus ganz Polen an. Die Konzerte finden meist freitags statt (www.kamienpomorski.pl).

RESTAURANT

Pod Muzami €€

Gutes Hotelrestaurant am Marktplatz.

- ul. Gryfitów 1 | 72-400 Kamień Pomorski
  Tel. 091/3 82 22 40
  www.podmuzami.pl

TRZĘSACZ (HOFF) 7 B2

Sonnenschirme, Eis- und Limonadeverkäufer, Kinder mit Sandförmchen und Schwimmreifen bestimmen das Bild. Was den Ort aber heraushebt, ist seine erstaunliche Kirchenruine aus dem 15. Jh. Die Steilküste weicht jährlich etwa 80 cm zurück, sodass von der Nikolaikirche, die früher die Dorfmitte markierte, heute nur noch Reste der Chormauern stehen, ansonsten stürzte das Gotteshaus samt Friedhof in die Ostsee. Dank der Denkmalschützer werden die Klippen inzwischen an dieser Stelle abgestützt. Ein Museum informiert über die Abrasion (Muzeum, ul. Klifowa 3 b, www.muzeumtrzesacz.pl, Juli bis Sept. tgl. 9–17, Mai/Juni, Okt. bis Mitte Dez. Di–So 9–16 Uhr, Eintritt 16/13 zł).

HOTEL

Oasis Resort & Spa €€€

Wenige Kilometer östlich von Trzęsacz findet man eine der besten Unterkünfte an der Ostsee, klein, behaglich und komfortabel mit mehreren restaurierten Häusern im Grünen und doch nur ein paar Schritte von einem der schönsten Strände der Region entfernt.

- ul. Klifowa 34 | 72-344 Rewal
  Tel. 091/3 86 27 01
  www.oasisresort.pl

POMMERSCHE KÜSTE

Wenn es zum Baden zu kühl ist, kann man am Strand spazieren gehen

Spektakulär sind die Dünen im Słowiński-Nationalpark. Westlich davon liegen Seebäder wie Kołobrzeg, im Osten ist die Küste einsam und wild, bis zur Halbinsel Hel reiht sich ein naturbelassener Strand an den nächsten.

Der Reiz des flachen Landes offenbart sich nicht gleich auf den ersten Blick. Es ist die endlose Weite der Felder, die bezaubert. Wesentlich lohnender als die Hauptstraße E 28 von Stettin nach Danzig ist die längere Strecke entlang der Küste. Hier liegt das traditionsreiche Seebad **Kołobrzeg,** das nicht nur einen herrlichen Sandstrand hat, sondern auch einen gewaltigen Mariendom und ein vom preußischen Star-Architekten Karl Friedrich Schinkel erbautes Rathaus. Noch spannender sind die weiter östlich gelegenen wandernden Sanddünen bei **Łeba,** in denen man sich wie in einer Wüste fühlt. Hervorragende Bademöglichkeiten bietet die schmale **Halbinsel Hel,** die sowohl zur Danziger Bucht als auch zum offenen Meer hin von feinen Stränden gesäumt ist. Landeinwärts erstrecken sich schier endlose Getreide- und Kartoffelfelder. Die Region kann in drei Tagen bewältigen, wer mit einem flüchtigen Blick zufrieden ist. Die herrlichen Strände und Badeorte an der Ostsee laden aber zu einem längeren Aufenthalt ein.

TOUREN IN DER REGION

TOUR 4

LEUCHTTÜRME & STRANDSEEN

ROUTE: Kołobrzeg > Gąski > Darłówko > Jarosławiec > Ustka > Swołowo > Słupsk (> Kołobrzeg)

KARTE: Seite 66
LÄNGE: 149 km (mit Rückfahrt nach Kołobrzeg 239 km)

PRAKTISCHE HINWEISE:

- Diese Tour ist auch für Radfahrer geeignet, da sie überwiegend über wenig verkehrsreiche Straßen verläuft.
- Wer übernachten möchte, findet in Darłówko bzw. Jarosławiec eine große Auswahl an Unterkünften.
- Radfahrer können von Słupsk per Zug nach Kołobrzeg zurückfahren.

TOUR-START:

Den besten Ausblick auf den Küstenverlauf und das waldreiche Hinterland bieten Leuchttürme. Längs der polnischen Ostseeküste sind 16 in Betrieb, die meisten können besichtigt werden. Die Tour führt an mehreren großen Strandseen vorbei: ehemaligen Meeresbuchten, die durch angeschwemmten Sand im Lauf der Zeit vom offenen Meer abgeschnitten wurden.

In **Kołobrzeg** 1 > S. 68 ist der bastionsartige Leuchtturm, der 1945 an der Stelle eines Vorgängerbaus aus dem Jahre 1666 errichtet wurde, Teil der alten Hafenanlagen. Von seiner Aussichtsplattform bietet sich ein schöner Blick auf die ein- und auslaufenden Schiffe an der Parsęta-Mündung (April–Okt. tgl. 10–17 Uhr, Eintritt 8/6 zł).

Fahren Sie über Tymień, Gąski und Mielno auf die schmale Nehrung zwischen Meer und Jamnosee bis Łazy. Nun schwenkt man landeinwärts ein, um dann in Sucha Koszalińska auf die Straße 203 zu wechseln. Diese führt am Ufer des Bukowosees nach Darłówko. Der niedrige Leuchtturm aus dem Jahr 1885 steht am östlichen Ufer der Wieprza. Zum Übernachten bietet sich das Hotel Apollo an > S. 71.

Über das mittelalterliche Städtchen **Darłowo** 3 > S. 70 folgen Sie 8 km der Straße 203 und biegen dann links in die Nebenstrecke (ausgeschildert Barzowice) nach Jarosławiec ein. Vom dortigen Leuchtturm (im Sommer tgl. 10–20 Uhr) bietet sich ein toller Blick auf die Kliffküste und den Wickosee.

Wieder zurück auf der Straße 203 fahren Sie bis Postomino. 4 km hinter dem Ort biegen Sie rechts ins »Karierte Land« (kraina w kratką) ab: So nennt man die Region wegen ihrer schwarz-weißen Fachwerkhäuser. Schönstes Dorf weit und breit ist Swołowo, das bereits 1230 urkundliche Erwähnung fand. Hier wurde ein Gehöft, der Albrechthof, zum Volkskundemuseum umfunktioniert, das interessierte Besucher zu einer Zeitreise einlädt (www.muzeum.swolowo.pl, Mitte April–Aug. Di–So 10–18, sonst bis 15 Uhr, Eintritt 16/10 zł). Von hier sind es noch 13 km bis nach **Słupsk** 4 > S. 72. Auf der E 28 (bzw. per Zug) kehren Sie rasch nach Kołobrzeg zurück.

TOUREN AN POMMERNS KÜSTE UND IN DANZIGS UMGEBUNG

TOUR 4

LEUCHTTÜRME & STRANDSEEN

Kołobrzeg > Gąski > Darłówko > Jarosławiec > Ustka > Swołowo > Słupsk

TOUR 5

WANDERUNG IM SŁOWIŃSKI-NATIONALPARK

ROUTE: Łeba/Rąbka > Łącka-Düne > Strand > Łeba

KARTE: Seite 66
LÄNGE: 15 km (8 Std., davon 5–6 Std. reine Gehzeit)

PRAKTISCHE HINWEISE:

- Eine Tagestour für konditionsstarke Wanderer! Zwar ist der Weg markiert und problemlos begehbar, doch läuft es sich auf Sand mühsam. Nehmen Sie viel Trinkwasser, Sonnencreme und eine Kopfbedeckung mit!
- Kartenmaterial hält die Nationalparkverwaltung bereit > S. 75.

TOUR-START:

Die traumhafte Landschaft des so wasserreichen **Slowiński-National-**

TOUR 5

WANDERUNG IM SŁOWIŃSKI-NATIONALPARK

Łeba/Rąbka > Łącka-Düne > Strand > Łeba

TOUR 6

KASCHUBISCHE SCHWEIZ

Danzig > Żukowo > Kartuzy > Chmielno > Brodnica > Ostrzyce > Kościerzyna > Wdzydze Kiszewskie > Bytów > Danzig

TOUR 7

SCHIFFS- UND BAHNTOUR NACH HEL

Danzig > Hel > Władysławowo > Puck > Gdynia > Sopot > Danzig

parks 6 › S. 73 lernt man am besten zu Fuß kennen. Von **Łeba** 5 › S. 73 fahren Sie per Bus oder Auto ins 2 km entfernte Rąbka am Eingang zum Nationalpark. Wer sich schonen will, der nimmt für die folgenden 3 km Waldweg einen Elektrowagen oder ein Leihrad. Die Bäume spenden wohltuenden Schatten. Die letzte, 2 km lange Strecke zur Łącka-Düne legt man jedoch in jedem Fall zu Fuß zurück. Nun heißt es: hinauf auf den 50 m hohen Sandberg. Lohn der Mühe ist ein weites Panorama über die Dünen, das Meer und zwei Strandseen.

Anschließend läuft man auf den rot markierten Sandspuren zur Küste, wo sich der Weg teilt: Rechts geht es nach Łeba zurück. Lassen Sie sich einfach die folgenden 5 km am **Strand** entlang treiben. Sobald der Weg die Küste verlässt, ist man der Sonne weniger ausgesetzt.

VERKEHRSMITTEL

Die Bahnstrecke zwischen den Hauptorten Kołobrzeg › Słupsk › Lębork › Danzig wird gut bedient; von dieser Hauptlinie führen nur wenige Stichstrecken zur Küste. Wer von einem Küstenort zum nächsten fahren will, ist mit dem Bus besser bedient.

UNTERWEGS IN DER REGION

KOŁOBRZEG (KOLBERG)

1 B2

Im Sommer scheint halb Polen seine Ferien an den Stränden dieses Seebads (47 000 Einw.) zu verbringen: Dann geht es hier und auf der Promenade hoch her. Doch auch außerhalb der Saison sind die vielen Hotels und Pensionen gut besucht. Die jodreiche Meerluft, Salzwasser und Moor schaffen erstklassige Kurbedingungen.

Kołobrzeg lässt heute kaum erahnen, wie lang und kriegerisch seine Geschichte ist. Eine befestigte slawische Siedlung wurde im Jahr 1000 vom späteren polnischen König Bolesław I. dem Tapferen erobert, der hier das erste Bistum Pommerns errichtete. Die spätere Stadt trat 1284 der Hanse bei, was ihre wirtschaftliche Bedeutung (Salzgewinnung) noch vergrößerte. Preußen baute Kolberg zu einer starken Festung aus, die August Wilhelm Graf von Gneisenau 1806/07 erfolgreich gegen französische und polnische Truppen verteidigte. Im Zweiten Weltkrieg wurde die Stadt fast völlig zerstört und erst nach 1980 wieder aufgebaut.

DER MARIENDOM

Das herausragende Baudenkmal der Stadt ist die restaurierte Kathedralbasilika Mariä Himmelfahrt. Die Hallenkirche entstand Anfang des 14. Jhs. und wurde später um jeweils ein Schiff an jeder Seite erweitert. Die Westfassade mit den beiden Türmen liegt wie ein massiver Riegel vor dem Kirchenbau.

Eine Kostbarkeit der ursprünglichen Innenausstattung ist das gotische **Bronzetaufbecken** (1355) mit Darstellungen aus dem Leben Christi. Der **Schiffskronleuchter** (1523), nach seinem Stifter Schlieffenkrone genannt, gehört zu den exquisitesten Beispielen gotischer Schnitzkunst in Pommern. Nicht weniger bemerkenswert ist der siebenarmige **Stehleuchter** von 1327 aus einer Lübecker Werkstatt.

DAS RATHAUS

In unmittelbarer Nähe zum Dom entstand Ende des 19. Jhs. über erhaltenen gotischen Kellergewölben das Rathaus nach Entwürfen des Architekten Karl Friedrich Schinkel. Das massige Backsteingebäude im neogotischen Stil gleicht mit seinem zinnenbewehrten Turm und den vorstehenden Seitenflügeln einem Schloss.

INFO

Touristeninformation

- ul. Armii Krajowej 12 | 78-100 Kołobrzeg
  Tel. 094/3 55 13 20
  www.kolobrzeg.pl/turystyka

HOTELS

New Skanpol €€€

Das Komforthotel liegt auf halber Strecke zwischen Strand und Stadt. Großzügige Zimmer, Therapie- und Beauty-Center.

> **mehr S. 13 Punkt 9**

- ul. Dworcowa 10 | 78-100 Kołobrzeg
  Tel. 094/3 52 82 11 | www.newskanpol.pl

Jantar Spa €€

Glanzvoll renovierte Villa von 1905 im Kurpark, nur 150 m vom Strand entfernt. Mit Hallenbad, Jacuzzi, Sauna, medizinischer Rundumbetreuung, klassischen und modernen Therapien.

- ul. Prof. T. Rafińskiego 10–14
  78-100 Kołobrzeg
  Tel. 094/3 52 22 59 | www.jantarspa.pl

Kołobrzeg verspricht gesunde Meerluft

RESTAURANT

Pergola €€

Das Lokal an der Strandpromenade bietet zur ausgezeichneten Fischküche einen tollen Meerblick.

- Bulwar J. Szymańskiego 14
  78-100 Kołobrzeg
  Tel. 094/3 54 01 40
  www.pergola.pl

AKTIVITÄTEN

Stadnina Michalski

Das Gestüt südlich von Kołobrzeg an der Persante bietet Reitstunden, Ausritte in der Umgebung und Ausflüge ans Meer hoch zu Ross. > **mehr S. 12 Punkt 3**

- ul. Kołobrzeska 6n, Budzistowo
  78-100 Kołobrzeg | Tel. 094/3543754
  www.stadninamichalski.pl

GRATIS ENTDECKEN

- In **Jurata** auf Hel verbindet eine wundervolle Promenade die Danziger Bucht und die Ostseeküste. > S. 77
- Der Eintritt ins **Danziger Bernsteinmuseum** ist im Sommer montags, im Winter dienstags frei. > S. 95
- Die Freilichtausstellung »Kurort – Festung – Symbol« und das Denkmal auf der **Westerplatte** erinnern nicht nur an den Zweiten Weltkrieg und sind frei zugänglich. > S. 96
- Von Oktober bis Ostern ist das Flanieren auf der **Sopoter Seebrücke**, der mit 511 m längsten Europas, kostenlos. > S. 97
- Die **Muschelsuche** beim Spaziergang am Strand von **Krynica Morska** auf der Frischen Nehrung sorgt nicht nur für einen freien Kopf, sondern auch für Erinnerungen daheim. > S. 126
- Ein **Bad im Jezioro Jeziorak** ist erfrischend und kostenlos, man muss nur ein lauschiges Plätzchen finden. > S. 133

KRĄG (KRANGEN) 2 C2

In Krąg, zwischen Kołobrzeg und Darłowo (30 km östlich von Koszalin), thront über einem See Pommerns größtes Renaissanceschloss.

HOTEL

Zamek Podewils €€€

Im Schlosshotel kann man fürstlich wohnen und speisen. Für Entspannung sorgen Saunen, Ruderpartien und Radausflüge in die waldreiche Umgebung.

- Krąg 16 | 76-010 Polanów
  Tel. 094/3 47 05 16 | www.podewils.pl

DARŁOWO (RÜGENWALDE) 3 C1

Das gut erhaltene, hübsche Zentrum der alten Hansestadt (14 000 Einw.) macht Lust auf einen kleinen Stadtbummel.

Mittelpunkt ist der **Marktplatz** mit barockem **Rathaus** und repräsentativen Patrizierhäusern. In der Nähe erhebt sich die gotische **Marienkirche** (14. Jh.) mit dem Grabmal des Königs von Schweden, Dänemark und Norwegen, Erik I. (reg. 1397–1442), der nach seiner Absetzung in Darłowo lebte.

Das Schloss der Pommerschen Herzöge ist das Wahrzeichen von Darłowo

Außerhalb der Stadtbefestigung steht die schönste der drei in Pommern erhaltenen Friedhofskapellen (Darłowo, Koszalin und Słupsk), die **St.-Gertruden-Kapelle** (Kaplica św. Gertrudy). Der Zentralbau entstand vermutlich 1434 nach der Wallfahrt Eriks I. nach Jerusalem in Anlehnung an die dortige Grabeskirche.

Südlich der Altstadt befindet sich auf der ehemaligen Mühleninsel das **Schloss der Pommerschen Herzöge** (14.–16. Jh.), eine trutzige viereckige Anlage mit quadratischem Torturm; König Eriks Schloss birgt heute das **Regionalmuseum** mit einer historischen Sammlung (www.muzeumdarlowo.pl, Juli/Aug. tgl. 10–18, Mai/Juni, Sept. tgl. 10–16, sonst Mi–So 10 bis 16 Uhr, Eintritt 14/12 zł).

Lohnenswert ist ein Abstecher in den direkt an der Küste gelegenen Ortsteil **Darłowko** (Rügenwaldermünde) mit seinen weiten Sandstränden, einer begrünten Uferpromenade und dem backsteinernen Leuchtturm. › mehr S. 16 Punkt 25

HOTEL

Hotel Apollo €€€

Charmantes Haus direkt am Strand von Darłowko. Individuell eingerichtete Zimmer mit Meer- oder Parkblick, Café-Bar mit Aussicht über die Ostsee.

- ul. Kąpielowa 11 | 76-153 Darłowo
  Tel. 094/3 14 24 53 | www.hotelapollo.pl

SŁUPSK (STOLP) 4 D1

Die Hansestadt Słupsk (92 000 Einw.) kam im Mittelalter durch den Bernsteinhandel zu Wohlstand, versank nach der Verschlickung der zur See führenden Słupia (Stolpe) aber in Bedeutungslosigkeit. Erst im 19. Jh. konnte sich Słupsk wirtschaftlich erholen. Das »Paris von Hinterpommern« wurde im Zweiten Weltkrieg vollkommen zerstört.

ALTSTADT

Beginnen Sie Ihren kleinen Spaziergang am besten am zentral gelegenen **Plac Zwycięstwa** mit dem neogotischen **Rathaus** von 1898. Durch das gotische **Neue Tor** (Nowa Brama; 15. Jh.) mit seiner hübschen Kunstgalerie gelangen Sie in die Altstadt (Stare Miasto), von der wenig übrig geblieben ist. Hinter dem Tor fällt der wuchtige, ungegliederte Turm der **Marienkirche** (Kościół Mariacki, 14. Jh.) ins Auge. Am nahen **Marktplatz** (Stary Rynek) stehen noch einige alte Bürgerhäuser.

SCHLOSS DER POMMERSCHEN FÜRSTEN

Bald ist das **Schloss** aus dem 16. Jh. erreicht. Das darin untergebrachte **Regionalmuseum** (Muzeum Pomorza Środkowego, www.muzeum.slupsk.pl, Juli/Aug. Mo 11–15, Di bis So 10–18, sonst Mi–So 10 bis 16 Uhr) birgt u. a. die Zinnsarkophage der beiden in der Schlosskirche bestatteten Mitglieder der Herzogsfamilie. Słupsk war vom 15. bis 17. Jh. Hauptstadt eines der Herzogtümer Pommerns. Sehenswert sind aber vor allem die expressionistischen Pastellporträts eines der eigensinnigsten Künstler und Schriftsteller der polnischen Zwischenkriegszeit, Stanisław Ignacy Witkiewicz, kurz Witkacy genannt (1885–1939). › mehr S. 16 Punkt 26

Gegenüber dem Schloss stehen die gotische **Schlossmühle** (15. Jh.) mit der volkskundlichen Sammlung des Museums, ein 1998 rekonstruierter Speicher (Teestube) und die **Schlosskirche** (Kościół św. Jacka). Zwei Grabdenkmäler im Innern zeigen die Herzogin Anna de Croy und den knienden Bogusław de Croy in Begleitung zweier vollständig behaarter Waldmenschen, der sogenannten Wilden Männer.

INFO

Touristeninformation

- ul. Starszyńskiego 8 | 76-200 Słupsk
  Tel. 059/7 28 50 41 | www.slupsk.pl

HOTEL

Piast €€€

Das Stadthotel von 1897 bietet großzügige Zimmer.

- ul. Jedności Narodowej 3
  76-200 Słupsk
  Tel. 059/8 42 52 86
  www.hotelpiast.slupsk.pl

RESTAURANT

Karczma Pod Kluką €€

Regionalküche in gemütlichem Ambiente. Probieren Sie Walnusssuppe und Birne auf kaschubische Art.

- ul. Kaszubska 22 | 76-200 Słupsk
  Tel. 059/8 42 34 69
  www. hotelpodkluka.pl

Wild, weit und unberührt erstreckt sich der Ostseestrand bei Łeba

ŁEBA (LEBA) 5 D1

Das Seebad (4000 Einw.) ist ein idealer Ausgangspunkt für Ausflüge in den recht nahe gelegenen Słowiński-Nationalpark. Die herrlichen Sandstrände laden zu einer ausgiebigen Badepause ein. › mehr S. 12 Punkt 2

INFO

Touristeninformation

- Brama Kaszubskiego Pierścienia
  ul. Kościuszki 121 | 84-360 Łeba
  Tel. 059/4 24 76 15 | www.leba.eu

HOTELS

Neptun €€€

Stilvolles, 1903 erbautes schlossähnliches Hotel, in toller Lage auf dem Steilufer über dem Strand. Mit bestem Komfort, erstes Haus am Platz.

- ul. Sosnowa 1 | 84-360 Łeba
  Tel. 059/8 66 14 32 | www.neptunhotel.pl

Pensjonat Krystyna €

Ruhiges Haus, sehr gutes Frühstück.

- ul. Łebska 128 | 84-360 Łeba-Nowęcin
  Tel. 059/8 66 21 27
  www.krystyna.interleba.pl

SŁOWIŃSKI-NATIONALPARK

6 2 D1

Der Nationalpark beginnt 2 km westlich von Łeba. Er umfasst vier flache Küstenseen, darunter Lebasee (Jez. Łebsko) und Garder See (Jez. Gardno), dazu die sie von der Ostsee trennenden Nehrungen – eine einmalige Landschaft mit seltenen Tieren und Pflanzen, erschlossen durch 140 km Wege.

Die Nehrung bedecken gewaltige, teils noch wandernde, teils bereits bewaldete Sanddünen. Die eindrucksvollste ist die **Łącka Góra** (Lonzker Düne): Fast 50 m hoch, wandert sie jährlich einige Meter ostwärts. In Europa können nur zwei Dünen dieser Art mit ihr konkurrieren: die der Kurischen Nehrung in Litauen/Russland und die Dune de Pilat bei Arcachon in der Biskaya-Bucht. › mehr S. 16 Punkt 23

In der Hauptsaison sollte man damit rechnen, dass auch viele andere sich auf den Weg durch den Kiefernwald zur Düne machen. Wer die Einsamkeit sucht: Das schönste Licht hat man ohnehin früh morgens und abends, auch wenn man dann zu Fuß gehen muss.

Der beste Ausgangspunkt für Erkundungen ist der Parkplatz in Rąbka, etwa 2 km westlich von Łeba. Wer die 5 km Wegstrecke bis zur Düne nicht laufen will, der kann dort ein Fahrrad mieten oder einen Elektrowagen nehmen. Der Weg, eine Betonpiste, erinnert an die militärische Nutzung des Gebiets während der NS-Zeit; hier wurden V1-Flugkörper getestet. Am Ziel der Wanderung steht man vor den ersten den Wald verschlingenden Sandwänden. Angesichts dieser Naturgewalten kann man leicht nachvollziehen, dass die erste Stadt Łeba im 16. Jh. weiter nach Osten verlegt werden musste.

Der Urgewalt der Łącka Góra halten auch

REISE ZU DEN SLOWINZEN

Ein Wanderweg entlang des Jezioro Łebsko führt von Łeba nach **Smołdzino** und **Kluki** in die vor 1945 letzten slawischen Dörfer Pommerns (auch mit dem Auto via Wicko zu erreichen). Noch nach dem Zweiten Weltkrieg lebten hier die letzten Slowinzen, eine mit den Kaschuben verwandte ethnische Gruppe. Die Abgeschiedenheit des sumpfigen Geländes ermöglichte es ihnen, ihre Sprache, Trachten und Bräuche so lange lebendig zu erhalten. In Smołdzino wurde ein **Museum des Słowiński-Nationalparks** eingerichtet (Mai–Sept. tgl. 9–17, sonst Mo–Fr 7.30–15.30 Uhr, Eintritt 6/3 zł); in Kluki präsentiert ein **Freilichtmuseum** Architektur und Traditionen der Slowinzen (www.muzeumkluki.pl, Mai–Aug. Di–So 10–18, sonst Di–So 9–16, März–Okt auch Mo 11–15 Uhr; Eintritt 16/10 zł).

die stärksten Bäume nicht stand

INFO

Słowiński Park Narodowy

- ul. Bahaterów Warszawy 1A
  76-214 Smołdzino | Tel. 059/8 11 72 04
  www.slowinskipn.pl

KROKOWA (KROCKOW)

7 E1

Rund 7 km von der Ostsee entfernt ließ sich die Familie Krockow, von westpreußischem Adel, 1782 ein Schloss mit italienischer Parkanlage erbauen. Seit Anfang der 1990er-Jahre dient es in Teilen als europäische Begegnungsstätte und kaschubisches Kulturzentrum; Vorträge Ausstellungen und Konzerte finden hier statt. Nebenan entstand ein **Regionalmuseum** in Zusammenarbeit des Westpreußischen Museums in Münster und des Kreismuseums in Puck (www.zamekkrokowa.pl, Mai/Juni Di–Sa 11–17, Juli/Aug. tgl. 10 bis 18, Sept.–April Di–Sa 11–16 Uhr, Eintritt 5/2,50 zł).

HOTEL

Zamek w Krokowej €€–€€€

Im Schloss kann man ausgesprochen stilvoll übernachten, günstiger und kaum weniger komfortabel sind die Zimmer im Vorwerk. Die gute kaschubische Küche sollte man unbedingt probieren.

- ul. Zamkowa 1 | 84-110 Krokowa
  Tel. 058/7 74 21 11
  www.zamekkrokowa.pl

JASTRZĘBIA GÓRA (HABICHTSBERG) 8 E1

Am Steilufer liegt der der kleine Badeort, der früher als Lieblingssommerfrische von Marschall Piłsudski besonders exklusive Gäste anzog. Heute ist er wegen seiner Beschaulichkeit beliebt. Der schönste Fußweg führt vom 52 m hohen Steilufer durch die wildromantische Fuchsschlucht Lisy Jar zum Strand hinunter. Auf keinen Fall entgehen lassen sollte man sich den traumhaft schönen Rundblick vom Leuchtturm Rozewie (Rixhöft), der den nördlichsten Punkt Polens markiert.

HEL (HELA) 9 E1

34 km reicht die Halbinsel Hel (Półwysep Helski) ins offene Meer. Wenig erinnert daran, dass hier bis 1990 militärisches Sperrgebiet war, denn seitdem hat sich der Tourismus rasant entwickelt. Vier Dörfer und mehrere Campingplätze säumen die sandige Landzunge, an deren Spitze sich das Städtchen Hel ausbreitet. An der schmalsten Stelle trennen nur 200 m die Ufer einerseits der Ostsee, andererseits der Pucker Bucht, die dank beständiger Winde und flachen Wassers zum Hotspot der Wind- und Kitesurfer avancierte. Im Sommer staut sich auf Hel der Verkehr, wenn es, vor allem am Wochenende, halb Danzig auf die Halbinsel zieht. Von Danzig aus verkehren auch Züge (www.polregio.pl) und Schiffe (www.zegluga.pl, Mai/Juni, Sept. Sa/So, Juli/Aug. tgl.).

CHAŁUPY

Das erste Dorf, wenn man auf die Halbinsel fährt, galt in den 1970er-Jahren als polnisches St. Tropez.

Ein Maler träumt sich ans Meer

Damit meinte man nicht etwa luxuriöse Hotels – die Urlauber wohnten in Fischerhäusern –, sondern die elitäre Gesellschaft. Heute ist Chałupy für seinen FKK-Strand und die alljährlich ausgetragene Regatta **Bote Pod Zoglame** (Boote unter Segeln) bekannt, die auch ein großes kaschubisches Kulturfest ist.

JASTARNIA (HEISTERNEST)

Jastarnia mit seinem hübschen Fischerhafen auf halber Strecke der Landzunge ist auch ihr touristisches Zentrum. Im Ort gibt es eine Reihe sehr guter Fischräuchereien, die ihre Ware auch an den Ständen entlang der Hauptstraße verkaufen. Ein sommerliches Highlight mit Volksfeststimmung ist am 29. Juni die St. Peter-und-Paul-Fischerwallfahrt der Kaschuben in bunt geschmückerten Kuttern über die Bucht nach Puck.

JURATA (FORST)

Das Örtchen Jurata liegt mitten in einem grünen Kiefernwald, der sich auch über die bis zu 15 m hohen Dünen zieht, an der engsten Stelle der Halbinsel. Eine Flaniermeile der besonderen Art – sehen und gesehen werden – führt von einer Küste zur anderen. Der Ort wurde in den 1920er-Jahren als schickes Seebad für die polnische Finanzelite gebaut, zog bald auch zahlreiche Künstler an und ist heute eine Wellnesshochburg mit prominenten Gästen.

HEL (HELA)

Am Ende der Halbinsel liegt das malerische Hel (Hela; 5000 Einw.) mit hübschen kaschubischen Fischerhäusern entlang der Hauptstraße. Die ehemalige gotische Kirche aus dem 15. Jh. wurde zum Fischereimuseum umfunktioniert. Interessanter ist das Fokarium, eine Robbenstation (ul. Morska 2, www.fokarium.pl, tgl. 9.30–16 Uhr, Eintritt 5 zł).

INFO

Touristeninformation

- ul. Kuracyjna | 26 84-150 Hel
  Mobiltel. 666 87 16 22 | www.gohel.pl

HOTEL

Bryza €€€

Das traumhaft in den Dünen gelegene 4-Sterne-Haus ist das Top-Wellnesshotel an der Ostseeküste. Es bietet Hallenbäder und ein modernes Spa: Aromatherapie, Shiatsu und Massagen, Tang-, Öl- und Salzbäder, auch Nordic Walking und geführte Radtouren. Die meisten Zimmer haben Meerblick.

- ul. Międzymorze 2 | 84-141 Jurata
  Tel. 058/6 75 51 00 | www.bryza.pl

RESTAURANTS

Captain Morgan €€

In der rustikalen Seemannskneipe gibt's frischen Fisch: Die Zubereitung ist deftig, die Portionen sind großzügig.

- ul. Wiejska 21 | 84-150 Hel
  Tel. 058/6 75 00 91
  www.captainmorgan.cypel.pl

Weranda-Ogrodnica €€

Nach dem guten Essen hier sollte man sich unbedingt ein Dessert gönnen, besonders die Kuchen sind ein Genuss.

- ul. Ks. Bernarda Sychty 98
  84-140 Jastarnia | Mobiltel. 601 68 23 96
  www.kawiarnia-weranda.pl

DANZIG & UMGEBUNG

Seit mehr als 750 Jahren findet im Sommer in Danzig der Dominikanermarkt statt

Die alte Hansestadt Danzig ist längst mit dem mondänen Badeort Sopot und der Hafen-City Gdynia zusammengewachsen. Landeinwärts erreicht man bald die Kaschubische Schweiz mit ihren steilen Hügeln und Seen.

An der Mündung der Motława (Mottlau) in die Martwa Wisła (Tote Weichsel) glänzt ein Juwel, das Meisterstück polnischer Restauratorenkunst: **Danzig** ist mit seinem prächtigen Stadtbild neben Warschau die größte nach 1945 detailgetreu wieder aufgebaute Metropole des europäischen Kontinents. Im 16. und 17. Jh. war die Stadt die mächtigste an der Ostsee. Heute hat sie Besuchern eine Menge zu bieten, von der größten historischen Backsteinkirche der Welt bis zu Pretiosen aus Bernstein. Wandeln Sie durch die Rechtstadt, die Altstadt und die alte Vorstadt auf den Spuren vergangener Zeiten. Trinken Sie ein Goldwasser, tauchen Sie ein in die Menschenmassen am Hafenkai, oder nehmen Sie ein Bad in Sopot.

Westlich von Danzig erstreckt sich **Kaschubien:** Einer alten Sage zufolge hatte Gott die Kaschuben bei der Erschaffung der Welt vergessen. Von einem Engel darauf hingewiesen, konnte er diesem Volk nur noch das geben, was in seiner großen Lehmkiste übrig geblieben war: Diese restlichen Brocken und Seen verstreute Gott über das weite, heute überaus reizvolle Land.

TOUREN IN DER REGION

TOUR 6

KASCHUBISCHE SCHWEIZ

ROUTE: Danzig > Żukowo > Kartuzy > Chmielno > Brodnica > Ostrzyce > Kościerzyna > Wdzydze Kiszewskie > Bytów > Danzig

KARTE: Seite 66

LÄNGE: 240 km (2 Tage)

PRAKTISCHE HINWEISE:

- Übernachten kann man z. B. in Kartuzy > **S. 99** oder Bytów > S. 101.
- Zwar können alle genannten Orte per Bus erreicht werden, doch da Verbindungen rar sind, ist das Auto eindeutig die bessere Wahl.

TOUR-START:

Westlich von Danzig liegt die Kaschubische Schweiz, das Filetstück

Kaschubiens mit viel Mischwald und steilen Hügeln, die sich im Wasser von Seen spiegeln. Eine Rundfahrt von Danzig aus vermittelt einen ersten Eindruck von der Schönheit der Landschaft; so richtig lernt man die dünn besiedelte Region aber nur kennen, wenn man sich Zeit nimmt und sein Zelt an einem der zahlreichen Seen aufstellt.

Von Danzig folgt man der Straße 7 ins rund 21 km westlich gelegene **Żukowo** 13 › S. 98 und besucht dort die Klosterkirche. Eine zweite, noch imposantere Klosterkirche bietet **Kartuzy** 14 › S. 99, das man nach weiteren 12 km erreicht. Ein Kaschubisches Museum stellt Kultur und Folklore der Region vor.

Unmittelbar südwestlich von Kartuzy beginnt dann der landschaftlich reizvollste Teil der Region mit Seen, steilen Höhen und stillen Wäldern, die sogenannte Kaschubische Schweiz › S. 98. Straße 211 bringt Sie nacheinander nach **Chmielno** 16 › S. 100, Brodnica und Ostrzyce, die am Rand lang gestreckter Rinnenseen liegen.

Vorbei am Turmberg (Wieżyca), dem mit 329 m höchsten Berg des polnischen Küstenbereichs, kommt man auf die vielbefahrene Straße 20 und folgt ihr bis Kościerzyna. Der Durchgangsort zur südlichen Seenplatte Kaschubiens ist ein beliebtes Wochenendziel der Danziger mit sauberen Seen und herrlichen Wäldern, die zum Spazierengehen und Pilzesammeln geradezu einladen. Ein Abstecher lohnt ins 17 km entfernte Freilichtmuseum von **Wdzydze Kiszewskie** 17 › S. 100, das mit seinen kaschubischen Häusern das kulturelle Highlight der Region ist.

Wieder zurück in Kościerzyna, fahren Sie auf der Straße 20 nach **Bytów** 18 › S. 101 am Westrand von Kaschubien. Über der Stadt thront die mächtige Ordensburg mit Museum und Hotel.

Auf der Nebenstraße 228 geht es nordostwärts durch eine grüne Hügellandschaft zurück nach Brodnica und von dort auf bekannter Strecke nach Danzig.

TOUR 7

SCHIFFS- & BAHNTOUR NACH HEL

ROUTE: Danzig › Hel › Władysławowo › Puck › Gdynia › Sopot › Danzig

KARTE: Seite 66

LÄNGE/DAUER: Tagestour; die Schiffsfahrt dauert ca. 1½ Std., die Rückfahrt mit Zug/Bus ungefähr 2–2½ Std.

PRAKTISCHE HINWEISE:

- Im Sommer (Juli–August) starten Schiffe der Weißen Flotte vom Danziger Grünen Tor nach Hel: **Żegluga Gdańska** Przystań przy Zielonej Bramie, Tel. 058/3 01 74 26, www.zegluga.pl
- Vom Ort Hel fahren mehrmals tgl. Züge und Busse über Gdynia nach Danzig.

TOUR-START:

Einmal rund um die Danziger Bucht: Erst geht es mit dem Schiff zur Spitze der Halbinsel, dann mit dem Zug längs ihres langen, strandreichen Schweifs bis zum Festland. Hinter Puck entfernt sich die Bahn von der Küste und bringt Sie durch das grüne, leicht gewellte Hinterland nach Danzig zurück.

Von der Anlegestelle am Grünen Tor tuckern Ausflugsschiffe auf Mottlau und Weichsel, an Werft- und Industrieanlagen vorbei bis zur Westerplatte, wo die Weichsel ins Meer mündet. Anschließend quert das Schiff die Bucht und erreicht in Hel die Spitze der gleichnamigen **Halbinsel** 9 › S. 76. Hier lohnen ein Besuch der Robbenstation, ein Spaziergang zum Leuchtturm und ein Bad am Strand.

Für die Rückreise könnten Sie natürlich die gleiche Route wählen, aber erlebnisreicher ist die Tour einmal rund um die Danziger Bucht. Steigen Sie im Städtchen Hel in den Zug, der auf der Halbinsel nach Władysławowo fährt. Die Strecke eröffnet durch Kiefernhaine Ausblick auf Traumstrände. Über Władysławowo, einen der größten Fischereihäfen des Landes, kommen Sie in den Hafenort Puck mit seinen beschaulichen Fachwerkhäusern. In Gdynia können Sie die Fahrt unterbrechen und einen Spaziergang zum Hafen unternehmen, um dort die Museumsschiffe zu besichtigen. Eine weitere Unterbrechung empfiehlt sich im quirligen Badeort **Sopot** 11 › S. 97 für einen Strandspaziergang.

Der Leuchtturm im Seebad Sopot

VERKEHRSMITTEL

Die sog. Dreistadt (Trójmiasto) mit Danzig, Sopot und Gdynia ist durch ein dichtes Netz öffentlicher Verkehrsmittel verknüpft. Fahrscheine für SKM(Stadtschnell)-, Straßenbahnen und Busse in diesem Verkehrsverbund der Danziger Bucht (www.mzkzg.org, www.skm.pkp.pl) erhält man sowohl an Automaten als auch an Bahnschaltern. Für Vielfahrer empfiehlt sich der Kauf einer Tageskarte, die für alle Verkehrsmittel gilt. Größere Orte in Kaschubien sind von Danzig aus per Bus oder Zug erreichbar, allerdings sind die Verbindungen zwischen kleinen Dörfern schlecht. Für Fahrten über Land eignet sich daher am besten ein Auto. Mietwagen erhält man z. B. am Flughafen (www.avis.pl, www.hertz.com.pl, www.sixt.pl, www.budget.pl).

- **Lech-Wałęsa-Flughafen**
  ul. Słowackiego 200 | 80-298 Gdańsk
  Tel. 052/5 67 35 31
  www.airport.gdansk.pl

UNTERWEGS IN DANZIG

GDAŃSK (DANZIG) 10 E2

Die größte Stadt Nordpolens zählt rund 465 000 Einwohner. Im Großraum mit den Nachbarstädten Sopot und Gdynia, die mit Danzig die Dreistadt (Trójmiasto) bilden, sind es sogar 750 000 Einwohner.

Die Geschichte Danzigs ist vor allem die einer eigenständigen Stadt, in der bis 1945 Deutsche die überwiegende Mehrheit der Einwohner stellten, der aber die polnischen Könige vom 15.–18. Jh. als Stadtrepublik weitgehende Autonomie garantierten.

STADTBESICHTIGUNG

Ungefähr vier Stunden dauert der im Folgenden beschriebene Rundgang durch die Recht- und Altstadt. Mühelos zu Fuß erreichbar sind auch das ein wenig abseits gelegene Nationalmuseum sowie das geschichtsträchtige Gelände der Danziger Werft. Wer die Westerplatte besuchen möchte, kann mit der Wassertram u. a. von der Anlegestelle Zielona Brama fahren (an der Mottlau, beim Grünen Tor › S. 84). Die Besichtigungspunkte in der Dreistadt sind am besten per Stadtbahn (ab bzw. an Danziger Hauptbahnhof), Straßenbahn, Bus oder Taxi zu erreichen. Für den Besuch von Oliwa, Sopot und Gdynia sollte man – im Sommer inklusive Strandvergnügen – am besten einen ganzen Tag einplanen.

AM KOHLENMARKT a3

Ausgangspunkt des Stadtbummels durch das historische Zentrum ist der Kohlenmarkt (Targ Węglowy), einige hundert Meter von dem im 19. Jh. errichteten neogotischen Hauptbahnhof entfernt.

Das **Hohe Tor** A a3 (Brama Wyżynna), ein massiver Bau aus dem 16. Jh., bildet den repräsentativen Westeingang und Auftakt zu Danzigs »Königsweg«, der an der Mottlau endet. Alle polnischen Könige, die Danzig besuchten, zogen durch dieses Tor in die Stadt ein. So prangen neben dem Königswappen von Preußen und dem Wappen der Stadt auch der polnische Adler und Psalm 122 der Bibel auf Deutsch: »Es müsse Frieden sein inwendig in deinen Mauern.«

Anschließend passiert man den **Stockturm,** den einstigen Stadtkerker, von dessen Bestimmung heute noch Folterinstrumente und Ketten zeugen. Mittlerweile ist ein Bernsteinmuseum in den Turm gezogen (› Seitenblick S. 95). Das dritte und innere Tor in der mittelalterlichen Wehrmauer, das **Goldene Tor** B b3 (Złota Brama) wurde erst zu Anfang des 17. Jhs. errichtet. Der flämische Architekt Abraham van den Blocke brachte hier Elemente eines römischen Triumphbogens ein. Den oberen Abschluss bildet eine Balustrade, bekrönt von Skulpturen, die die Tugenden der Stadt verkörpern: u. a. Freiheit, Ruhm, Reichtum und Frieden.

Das Zentrum der alten Hanse- und Handelsstadt war und ist der Lange Markt

LANGGASSE C b3

Das Goldene Tor bildet den Zugang zur Langgasse (ulica Długa). Vornehme Patrizierhäuser aller Stilepochen säumen die Prachtstraße. Das als Museum bürgerlicher Wohnkultur zugängliche **Uphagenhaus** (1776) bezaubert mit einer teilweise original erhaltenen Rokokoeinrichtung (ul. Długa 12, www.muzeumgdansk.pl, Di 10–13, Mi, Fr–Sa 10 bis 16, Do 10–18, So 11–16 Uhr, Eintritt 12/6 zł).

LANGER MARKT 3 c3

Die Langgasse mündet in den Langen Markt (Długi Targ). Hier schlägt das Herz der Stadt. Rathaus, Artushof und Grünes Tor setzen prachtvolle Akzente. Cafés und Kneipen reihen sich aneinander, Straßenkünstler unterhalten die Flaneure. Ein beliebter Treffpunkt ist der **Neptunbrunnen** (Fontanna Neptuna; 1615): Der mit einer Harpune bewaffnete göttliche Beherrscher der Meere steht für die Stadt Danzig, die Herrscherin über die Ostsee. Gleich zu Beginn des Langen Marktes steht das **Rechtstädtische Rathaus** D b3 (Ratusz Głównego Miasta), mit seinem über 80 m hohen Turm der wohl berühmteste gotische Profanbau Danzigs. Er entstand in mehreren Bauphasen seit 1327. Zum Langen Markt hin ausgerichtet ist die hohe Schaufassade mit ihren schlanken Spitzbogenblendarkaden und zwei eleganten Erkertürmchen. Der Helm des Uhrturms und die Innenräume kündigen schon den Manierismus an.

Karte S. 85

Heute bildet das ehemalige Rathaus den stilvollen Rahmen für das **Museum der Stadtgeschichte.** Ganz besonders prunkvoll ist der Rote Saal, in dem die Ratsherren tagten: 25 Bilder nach Entwürfen von Vredeman de Vries verzieren Decke und Wände (ul. Długa 46/47, www.muzeumgdansk.pl, Di 10–13, Mi, Fr–Sa 10–16, Do 10–18, So 11 bis 16 Uhr, Eintritt 12/6 zł).

Hinter dem Neptunbrunnen prunkt der **Artushof** E b3 (Dwór Artusa). Die Fassade mit ihren drei spätgotischen Fenstern stammt ursprünglich von 1481, wurde aber 1617 von Abraham van den Blocke umgestaltet. Dahinter beeindruckt ein eleganter Saal mit einem von vier Säulen gestützten Sterngewölbe. Hier versammelten sich die reichen Kaufleute, feierten und empfingen wichtige Gäste. Sie wollten dem Adel nicht nachstehen (www.muzeumgdansk.pl, Di 10–13, Mi, Fr–Sa 10–16, Do 10–18, So 11 bis 16 Uhr, Eintritt 12/6 zł).

Aus den Patrizierhäusern am Langen Markt ragt das **Goldene Haus** b4 (Złota Kamienica; Nr. 1) aus dem 17. Jh. hervor, nach einem späteren Besitzer auch Steffenshaus genannt. Vergoldete Reliefs schmücken die hohe, schlanke Fassade. Das Dachsims krönen Skulpturen von Kleopatra, Antigone, Achill und Ödipus.

GRÜNES TOR F c4 UND MOTTLAU

Das Grüne Tor (Zielona Brama; 1568), das den Langen Markt im Osten beschließt, führt zur Mottlau. Städtebaulich war Danzig immer Richtung Wasser ausgerichtet. Die wichtigsten Straßen enden am Hafenkai, der früher sowohl Warenumschlagplatz als auch beliebte Promenade der Danziger war. Heute spazieren sowohl Einheimische als auch Touristen gern hier entlang, erwartet von den Ausflugsschiffen. Restaurants und Cafés bieten herrliche Logenplätze.

KRANTOR G c3

Am Mottlauufer machen die sogenannten Wassertore mächtig Eindruck: Neben dem Grünen Tor das **Brotbänkentor** (Brama Chlebnicka), das **Frauentor** (Brama Mariacka) und das **Krantor** (Brama Żuraw), das Wahrzeichen der Stadt. Im Backsteinbau von 1444 wurden zwei Treträder rekonstruiert, die das Hebewerk des Krans antrieben und Lasten bis 2 Tonnen bewegten. Heute dokumentiert hier eine Depen-

- A Hohes Tor
- B Goldenes Tor
- C Langgasse
- D Rechtstädtisches Rathaus
- E Artushof
- F Grünes Tor
- G Krantor
- H Frauengasse
- I Marienkirche
- J Großes Zeughaus
- K Nikolaikirche
- L Markthalle
- M Katharinenkirche
- N Brigittenkirche
- O Europäisches Solidarność-Zentrum
- P Museum des Zweiten Weltkriegs

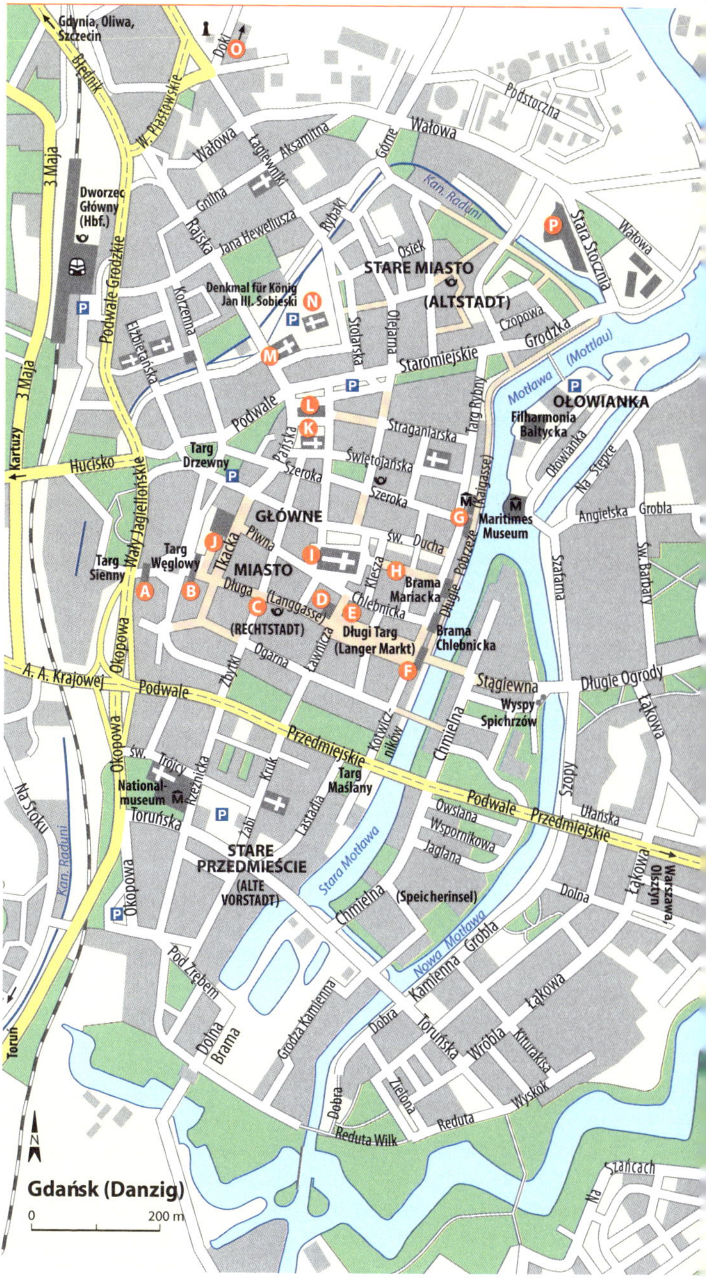
Gdynia, Oliwa, Szczecin
Doki
O
Błędnik
W. Piastowskie
3 Maja
Dworzec Główny (Hbf.)
Wałowa
Łagiewniki
Aksamitna
Górne
Wałowa
Podstoczna
Kan. Raduni
Gnilna
Rajska
Jana Heweliusza
Rybaki
Osiek
P
Stara Stocznia
Wałowa
STARE MIASTO (ALTSTADT)
Denkmal für König Jan III. Sobieski
N
Korzenna
Stolarska
Olejarna
Czopowa
Grodzka
Podwale Grodzkie
Elżbietańska
M
Staromiejskie
Motława (Mottlau)
OŁOWIANKA
Filharmonia Bałtycka
L
K
Podwale
Straganiarska
Targ Rybny
Kartuzy
Hucisko
Targ Drzewny
Pańska
Świętojańska
Szeroka
Ołowianka
Na Stępce
Szeroka
GŁÓWNE
Angielska Grobla
Maritimes Museum
G
(Kaigasse)
Piwna
J
Tkacka
św. Ducha
Wały Jagiellońskie
Targ Sienny
Targ Węglowy
MIASTO
I
Klesza
H
Brama Mariacka
Szafarnia
Św. Barbary
A
B
Długa
(Langgasse)
C
D
E
Chlebnicka
Długie Pobrzeże
(RECHTSTADT)
Długi Targ (Langer Markt)
Brama Chlebnicka
Okopowa
Ogarna
Ławnicza
Zbytki
F
A. A. Krajowej
Podwale
Stągiewna
Długie Ogrody
Wyspy Spichrzów
Łąkowa
Przedmiejskie
Kotwiczników
Chmielna
Okopowa
Św. Trójcy
Rzeźnicka
Kruk
Targ Maślany
Szopy
Nationalmuseum
Toruńska
Podwale Przedmiejskie
Owsiana
Ułańska
Wspornikowa
Jagiełły
Na Stoku
Żabi
Łastadia
STARE PRZEDMIEŚCIE (ALTE VORSTADT)
Stara Motława
Kan. Raduni
Okopowa
Chmielna
(Speicherinsel)
Dolna
Łąkowa
Warszawa, Olsztyn
Nowa Motława
Grobla
Kamienna
Pod Zrębem
Łąkowa
Dolna Brama
Grodza Kamienna
Dobra
Toruńska
Wróbla
Kiturakisa
Toruń
Zielona
Wyskok
Dobra
Reduta
Reduta Wilk
Szańcach
Na
N
Gdańsk (Danzig)
0
200 m

In der Frauengasse fühlt man sich in die Zeit der Buddenbrooks zurückversetzt

dance des **Nationalen Maritimen Museums** die interessante Geschichte des Danziger Hafens vom 16. bis 18. Jh. (Narodowe Muzeum Morskie, ul. Szeroka 67/68, www.nmm.pl, Juli–Aug. tgl. 10–18, März bis Juni, Sept.–Nov. Di–So 10–16, Dez./Febr. Di–Fr 10–15, Sa, So 10 bis 16 Uhr, Eintritt 8/5 zł; Tickets: Zentrum für Maritime Kultur › unten).

Der zentrale Kartenverkauf des Nationalen Maritimen Museums befindet sich im **Zentrum für Maritime Kultur** wenige Meter weiter. Außerdem ist hier die interaktive und kindgerechte Ausstellung über Menschen, Schiffe und Häfen zu sehen. Im Schiffssimulator fühlt man sich wie ein Kapitän auf hoher See, während die Wellen im Wasserbecken nur über ferngesteuerte Miniboote schwappen. Wer große Schiffe sehen will, muss in die Ausstellungssäle (Ośrodek Kultury Morskiej, ul. Tokarska 21-25, www.nmm.pl, Juli/Aug. tgl. 10–18, April bis Juni, Sept.–Okt. Di–Fr 10–16, Sa, So 10–18, Nov.–März. Di–So 10 bis 16 Uhr, Eintritt 6/4 zł, Sammelticket inkl. Krantor, Speicher, »Sołdek«, Fähre 23/13 zł).

Eine Fähre (10–16 Uhr) setzt auf die Speicherinsel über, wo das **Polnische Schifffahrtsmuseum** c3 über Seefahrt sowie abenteuerliche Expeditionen auf und unter Wasser informiert. Beachtlich ist auch die Sammlung der Schiffsgemälde. Am Kai davor liegt das **Museumsschiff »Sołdek«** (www.nmm.pl, Juli/Aug. tgl. 10–18, Febr. bis Juni, Sept.–Nov. Di–So 10–16, Dez./Jan. Di–Fr 10 bis 15, Sa/So 10–16 Uhr, Schiff Nov. bis Jan. geschl., Eintritt jeweils 8/5 zł).

FRAUENGASSE H c3

Das Frauentor führt zur malerischen Frauengasse (ulica Mariacka). Die terrassenartigen Vorbauten der Häuser, sog. Beischläge, waren einst charakteristisches Merkmal der Ostseestädte. Im reichen Danzig sind sie ganz besonders kunstvoll gestaltet und auch ungewöhnlich breit. Nachdem die Beischläge ihre ursprüngliche Funktion als Eingänge in die zur Straße hin erweiterten Speicherkeller verloren hatten, dienten sie vor allem als Orte der Begegnung. In den Kellern etablierten sich in erster Linie Läden und Galerien. Viele Kneipen nutzen die Beischläge als Terrassen.

Wegen ihrer besonderen Atmosphäre zog Regisseur Franz Peter Wirth bei seiner Verfilmung von Thomas Manns Roman »Die Buddenbrooks« (1979) die Danziger Frauengasse als Drehort dem Lübecker Originalschauplatz vor.

DIE MARIENKIRCHE I b3

Ihre schlanken Ziertürme markieren das Ende der Frauengasse. Das Gotteshaus (Kościół Mariacki; 1342 bis 1502) beeindruckt nicht nur durch seine Ausmaße – immerhin

GYDANYZC–DANZIG–GDAŃSK

Ein römischer Chronist erwähnte bei der Schilderung der Missionsreise des hl. Adalbert 997 eine Siedlung namens Gydanyzc, und so feierte Danzig 1997 sein 1000-jähriges Bestehen. Als Hauptstadt eines slawischen Herzogtums war es schon im 12. Jh. ein bekanntes Handelszentrum. 1225 ließen sich hier die ersten Lübecker Kaufleute nieder.

1308 nahm der Deutsche Orden von der Stadt Besitz. Doch ihre Bewohner fühlten sich von den Ordensrittern bevormundet. 1454 baten die deutschen Danziger den polnisch-litauischen König um Schutz und kämpften an seiner Seite gegen den Deutschen Orden. Belohnt wurden sie mit dem Status einer freien Stadt. Um 1600 war Danzig mit 50 000 Einwohnern die mächtigste Stadt der Vielvölkermonarchie. 1793 fiel Danzig an Preußen, wurde in der napoleonischen Zeit freie Stadt und stand 1920 bis 1939 mit einem deutschen Bevölkerungsanteil von 90 % unter der Kontrolle des Völkerbundes.

In Danzig begann mit dem Beschuss des polnischen Stützpunkts auf der Westerplatte durch deutsche Marine der Zweite Weltkrieg. Nach dessen Ende war die Perle der Ostsee ein Trümmerfeld: 90 % des Stadtkerns lagen in Schutt und Asche. Auf Flucht und Vertreibung der deutschen Bevölkerung folgte die Besiedlung durch Polen aus den östlichen polnischen, nach dem Krieg sowjetischen Landesteilen. 1948 beschloss der polnische Staat, Danzig wieder aufzubauen.

Auch der Sturz der kommunistischen Herrschaft begann in Danzig. Die blutig niedergeschlagenen Aufstände der Werftarbeiter im Jahr 1970 führten 1980 zur Gründung der Gewerkschaft Solidarność.

Die Marienkirche ist reich an sakralen Kunstschätzen

ist es eine der größten erhaltenen mittelalterlichen Backsteinkirchen der Welt (105 m lang, 68 m breit, 29 m Gewölbehöhe) –, sondern auch und vor allem durch die Strenge der Architektur. Blickfang im Innern sind die herrlichen Stern-, Netz- und Zellengewölbe.

Nur ein Teil der Originalausstattung hat den Krieg überdauert, darunter der **Hauptaltar** von Meister Michael aus Augsburg (16. Jh.), die **Danziger Schöne Madonna** (15. Jh.) in der St.-Annen-Kapelle auf der Nordseite, eine naturalistische spätgotische **Kreuzigungsszene** (1517) auf dem Triumphbogen sowie einige Grabmäler von Patriziern.

Das berühmte **Jüngste Gericht** (1471/73) von Hans Memling ist in einer der Kapellen nur als Kopie zu sehen (Original im Danziger Nationalmuseum, ul. Toruńska 1; Mai bis Sept. Di–So 10–17, sonst Di–So 9 bis 16 Uhr, www.mng.gda.pl, Eintritt 10/6 zł). Kaufleute aus der Toskana hatten das Triptychon bei dem niederländischen Maler bestellt. Während der Überfahrt nach Italien kaperten die Danziger 1473 das Schiff und brachten das Gemälde in die Kirche. Je nach politischer Konstellation wanderte es mit dem jeweiligen Sieger nach Paris, St. Petersburg und Warschau. Erst 1956 kehrte es nach Danzig zurück. > mehr S. 16 Punkt 27

Von der Skulptur des Gekreuzigten in der Kapelle der Elftausend Jungfrauen (1430; rechts im Chor) berichtet die Legende, dass der

Meister eines Nachts den Freund seiner Tochter ans Kreuz genagelt haben soll, um ein möglichst naturalistisches Werk zu schaffen. Als ihm am Morgen bewusst wurde, was er getan hatte, erhängte er sich.

Der Schöpfer der astronomischen Wanduhr (nördliches Querschiff), Hans Düringen, wurde 1470 auf Befehl des Bürgermeisters geblendet, damit er den Wunsch der Lübecker nach einem vergleichbaren Meisterwerk nicht mehr erfüllen konnte.

Versäumen Sie es nicht, zum Abschluss den Hauptturm der Kirche zu besteigen. › mehr S. 12 Punkt 5

GROSSES ZEUGHAUS J b3

Westlich der Marienkirche, am Ende der ulica Piwna, steht das Große Zeughaus (Wielka Zbrojownia), das Anfang des 17. Jhs. vermutlich von Anthonis van Opbergen, dem Architekten des Hamlet-Schlosses Kronborg in Helsingør (Dänemark), errichtet wurde. Mit seinen hübschen, mit Statuen und Türmchen verzierten Giebeldächern und Schmuckportalen ist das Zeughaus wohl das schönste Beispiel des flämischen Manierismus in Danzig.

NIKOLAIKIRCHE K b3

Ein lohnenswerter Abstecher führt zur Nikolaikirche (Kościół św. Mikołaja), einem gotischen Bau des Dominikanerordens. Trotz der Reformation gehörte die Kirche – anders als die meisten in Danzig – immer den Katholiken. Außerdem überstand die Nikolaikirche als einziges Gotteshaus in der Stadtmitte den Zweiten Weltkrieg unversehrt. Unter den eleganten Sterngewölben im dreischiffigen Sakralraum entzücken Hochaltar, Seitenaltäre, Orgelprospekt und Taufbecken in ihrer barocken Pracht aus Gold und Stuck.

DIE ALTSTADT (STARE MIASTO)

Nördlich der Rechtstadt schließt sich die im Mittelalter vor den Toren Danzigs als Handwerkersiedlung entstandene Altstadt an. Hier wurden nach 1945 nur wenige Baudenkmäler rekonstruiert.

An der Grenze der Stadtteile bietet die neogotische Markthalle L b2 (Hala Targowa) eine Abwechslung. Hier werden zahlreiche polnische Spezialitäten verkauft, von Räucherkäse und Aal über Krakauer Würste bis zu Süßigkeiten, beispielsweise in Schokolade gehüllten Pflaumen, und allerlei Schnäpsen (Mo–Fr 9–18, Sa 9–15 Uhr). › mehr S. 18 Punkt 37

Gleich neben der Halle haben zahlreiche Obst- und Gemüsehändler ihre bunten Stände mit frischer Ware aufgebaut. › mehr S. 15 Punkt 17

KATHARINENKIRCHE M b2

Das backsteinerne Gotteshaus ist an seinem massiven Turm mit den fünf barocken Haubenhelmen eindeutig zu erkennen. Unter dem feinen Netzgewölbe im Innern der Katharinenkirche (Kościół św. Katarzyny) fand der Astronom **Jan Heweliusz** (1611–1687) seine letzte Ruhe. Er entstammte einer Brauereifamilie – nach ihm wurde das »Heweliusz«-Bier benannt.

BRIGITTENKIRCHE N b2

In der jüngeren Geschichte spielte die nahe Brigittenkirche (Kościół św. Brygidy) eine wichtige Rolle. Zu ihrer Pfarrei gehört das Werftgelände, und so wurde sie in den 1980er-Jahren zum Zentrum der verbotenen Gewerkschaft Solidarność.

Die Kirche lohnt den Besuch wegen des reizvollen Kontrasts zwischen dem gotischen Netzgewölbe und der modernen Ausstattung, die an bewegende Momente der polnischen Geschichte erinnert. Der Hauptaltar im Chor ist dem Kampf der Werftarbeiter und der Solidarność für die Freiheit Polens gewidmet. Im Zentrum schwebt Maria mit dem Kind, aus Bernstein geschnitten, die 28 Rubine in ihrer Krone symbolisieren die gefallenen Werftarbeiter des Jahres 1970. Flankiert wird der Altar von Papst Johannes Paul II. und Primas Stefan Wyszyński, in Lebensgröße und in Bronze gegossen (tgl. 10–18 Uhr).

› mehr S. 16 Punkt 24

Das Werftarbeiterdenkmal

EUROPÄISCHES SOLIDARNOŚĆ-ZENTRUM O

Ein kurzer Spaziergang führt zum Tor der Danziger Werft mit dem eindrucksvollen **Denkmal** für die 1970 gefallenen Werftarbeiter. Als in der Danziger Leninwerft im August 1980 aus einer Streikbewegung heraus die Solidarność (Solidarität) entstand, war das der Anfang vom Ende des Kommunismus in Europa.

Daran erinnert auch das im August 2014 eröffnete Europejskie Centrum Solidarności, das hinter dem Denkmal aufragt. Seine Architektur zitiert rostige Schiffsrümpfe. Von der begrünten Dachterrasse des sechsstöckigen Gebäudes kann man verfolgen, wie auf dem einstigen Werftgelände nach und nach ein neues Stadtviertel, die »Hafencity«, entsteht. Die Dauerausstellung dokumentiert den historischen Umsturz in den 1980er-Jahren szenografisch mitreißend, begleitet von Multimediastationen, Audio- und TV-Ausschnitten (pl. Solidarności 1, Tel. 058/7 67 79 71, www.ecs.gda.pl, Mai–Sept. Mo–Fr 10–18, Sa/So bis 19, Okt.–April Mo, Mi–Fr 10–16, Sa/So 10–17 Uhr, Eintritt 20/15 zł).

› mehr S. 18 Punkt 38

MUSEUM DES ZWEITEN WELTKRIEGS P d2

Das 2017 eröffnete Muzeum II Wojni Światowje dokumentiert mit zahlreichen Originalexponaten die

Schrecken des Krieges in Polen, Europa, China und Japan. Der Neubau knüpft durch die bunkerhafte Atmosphäre im Ausstellungsgeschoss tief unter der Erde und die wie ein Flakgeschütz darüber aufragende Architektur an die Geschichte an (pl. W. Bartoszewski 1, www.muzeum1939.pl, Juni–Sept. Di 10–19, Mi–So 10–20, sonst Di–Fr 10–19, Sa/So 10–20 Uhr, Kasse bis jew. 60 Min. vorher, Eintritt 23/16 zł).

INFO

Touristeninformation

- Brama Wyżynna
  ul. Wały Jagiellońskie 2a
  80-887 Gdańsk | Tel. 058/7 32 01 70 41
  www.visitgdansk.com
  (hier auch Touristeninfo für die Region Pommern, www.pomorskie.travel)
- ul. Długi Targ 28/29 | 80-830 Gdańsk
  Tel. 058/3 01 43 55
- weitere Filialen der Danziger Touristeninformation im Flughafen (Ankunftsterminal) und im Hauptbahnhof (Fußgängertunnel)

HOTELS

Dwór Oliwski €€€

Ruhig gelegenes 4-Sterne-Hotel mit tollem Spa und Wellnessangebot im Stadtteil Oliwa.

- Bytowska 4 | 80-328 Gdańsk
  Tel. 058/5 54 70 00
  www.dworoliwski.pl

Królewski €€€ c2

Das »königliche« Hotel in einem historischen Speicherhaus auf der Bleihofinsel.

- ul. Ołowianka 1 | 80-751 Gdańsk
  Tel. 058/3 26 11 11
  www.hotelkrolewski.pl

Podewils €€€ d3

Rokokohaus für gehobene Ansprüche mit Blick auf Krantor und Mottlau. Gutes Restaurant.

- ul. Szafarnia 2 | 80-755 Gdańsk
  Tel. 058/3 00 95 60 | www.podewils.pl

Hanza €€–€€€ c3

Perfekter Komfort mit großen Zimmern direkt neben dem Krantor.

- ul. Tokarska 6 | 80-888 Gdańsk
  Tel. 058/3 05 34 27 | www.hotelhanza.pl

PURO €€–€€€ c4

4-Sterne-Hotel mit durchgestylten Zimmern (Tablet, Xbox, Playstation) auf der Speicherinsel nicht weit vom Grünen Tor.

- ul. Stągiewna 26 | 80-895 Gdańsk
  Tel. 058/5 63 50 00
  www.purohotel.pl

Fahrenheit €€ c2

Familiäres Boutiquehotel mit 3-Sterne-Service in zentraler Lage.

- ul. Grodzka 19 | 80-841 Gdańsk
  Tel. 058/3 24 74 00 | www.fahrenheit.pl

Ibis Stare Miasto €€ b1

Günstiges Budgethotel in der Altstadt nicht weit vom Hauptbahnhof, mit Restaurant.

- ul. Jana Heweliusza 24 | 80-890 Gdańsk
  Tel. 058/3 00 67 00
  www.accorhotels.com

RESTAURANTS

Pod Łososiem €€€ c3

1598 gründete ein Holländer die Gaststätte »Zum Lachs« und erhielt das Patent für das Danziger Goldwasser, einen Kräuterlikör mit darin schwimmenden Blattgoldflocken. Ausgesuchte Fischgerichte in stilvollem Ambiente.

Karte S. 85

- ul. Szeroka 54 | 80-835 Gdańsk
  Tel. 058/3 01 76 52
  www.podlososiem.com.pl

Browar Piwna €€ b3
Polnische und kaschubische Gerichte, wie Hering, Dorsch, Schweinenacken und Rippchen, dazu selbstgebrautes Bier und interessante Biercocktails.
- ul. Piwna 50/51 | 80-835 Gdańsk
  Tel. 058/3 01 39 24
  www.browarpiwna.pl

Goldwasser €€ c3
Beste polnische Küche, z. B. hausgemachte *pierogi* und Ente, außerdem Danziger Liköre: »Goldwasser«, »Kurfürst« und »Machandel«. › **mehr S. 15 Punkt 15**
- ul. Długie Pobrzeże 22 | 80-888 Gdańsk
  Tel. 058/3 01 88 78
  www.goldwasser.pl

Restauracja Ritz €€ d3
TV-Köchin Basia Ritz setzt am Jachthafen auf cooles Interieur und eine kreative Küche mit regionalen Produkten.
- ul. Szafarnia 6 | 80-755 Gdańsk
  Tel. 058/7 42 01 74
  www.restauracja-ritz.pl | Mo. geschl.
  › **mehr S. 14 Punkt 12**

Targ Rybny €€ c2
Maritimer Schick, Fisch und Meeresfrüchte immer frisch nach polnischen und internationalen Rezepten zubereitet, dazu eine exzellente Weinauswahl.
- Targ Rybny 6c | 80-835 Gdańsk
  Tel. 058/3 20 90 11 | www.targrybny.pl

Bar Mleczny Turystyczny € b3
Eine der klassischen Milchbars mit Selbstbedienung, die bei Alt und Jung wegen ihrer günstigen Preise und der polnischen Hausmannskost beliebt sind.
- ul. Szeroka 8/10 | 80-835 Gdańsk

Rybka na Wartkiej € c2
Das unkomplizierte Fish-and-Chips-Lokal bietet im Sommer herrliche Schattenplätze an der Mottlau mit Blick auf die Klappbrücke.
- ul. Wartka 5 | 80-841 Gdańsk
  Tel. 058/5 26 27 43
  www.fb.com/rybkanawartkiej

NIGHTLIFE

B90
Legendärer Klub der alternativen Szene auf dem Werftgelände, mit vielen Livekonzerten.
- ul. Elektryków | 80-980 Gdańsk
  www.b90.pl

DOMINIKANERMARKT

Jedes Jahr im August wird die Rechtstadt zu einem einzigen großen Jahrmarkt. Bis ins Mittelalter geht die Tradition des Dominikanermarktes (Jarmark Dominikański) zurück. Imbissbuden und Biergärten, Straßentheater und Musik – die Rechtstadt wird zum Tummelplatz von Einheimischen und Touristen. Unter Kennern wie Freunden schöner Dinge geschätzt sind die Antiquitätenstände, auch wenn es mittlerweile schwierig geworden ist, unter viel Kitsch und Trödel eine wirkliche Rarität oder Kostbarkeit zu entdecken. Sollten Sie tatsächlich fündig werden, müssen Sie bedenken, dass man für alle vor 1945 hergestellten Gegenstände eine Ausfuhrgenehmigung benötigt.

Das einstige Elektrizitätswerk beherbergt heute die Baltische Philharmonie

Baltische Philharmonie c2
Liebhaber der klassischen Musik kommen am Ufer der Mottlau auf ihre Kosten.

- ul. Ołowianka 1 | 80-751 Gdansk
  Tel. 058/7 3 20 62 62
  www.filharmonia.gda.pl

Żak a3
Konzerte und DJ-Sessions, Kino, Theater, Performances und Ausstellungen sowie Café unweit des Hauptbahnhofs.

- ul. Wały Jagiellońskie 1 | 80-001 Gdansk
  www.klubzak.com.pl

SHOPPING

- **Bernstein-Schmuck:** > Seitenblick S. 94
- **Hala Targowa Gdańsk** b2
  Die Danziger Markthalle beherbergt im Untergeschoss Bäcker, Fisch-, Fleisch- und Käsehändler > S. 89.
  Pl. Dominikanski 1 | 80-844 Gdańsk
  www.halatargowa.pl
  Mo–Fr 9–18, Sa 9–15 Uhr
- Größere Einkaufszentren sind das **Madison Park** b1 am Rand der Altstadt (ul. Rajska 10, www.madison.gda.pl, Mo–Sa 9–21, So 10–20 Uhr) sowie die **Galeria Bałtycka** im Ortsteil Wrzeszcz (al. Grunwaldzka 141, www.galeriabaltycka.pl, Mo bis Sa 8–22 Uhr).

AUSFLÜGE

ZUR WESTERPLATTE

Von der Anlegestelle Zieloni Most am Grünen Tor fahren Ausflugsschiffe zur Halbinsel Westerplatte (Sommer: 10–16 Uhr, alle 60 Min., Tel. 058/3 01 49 26, www.zegluga.pl, Hin- und Rückfahrt 45/30 zł). Günstiger und genauso schön ist die Fahrt mit der Wassertram (Linie F5, ab Zieloni Most oder Targ Rybny, Juli–Sept. mehrmals tgl. 9.50 bis 18.10 Uhr, Mai/Juni nur Sa/So; einfache Fahrt 20 zł, www.mzkzg.org).

SCHATZSUCHE AM OSTSEESTRAND

Eine besonders große Auswahl an Bernsteinschmuck findet man in Danzig

Seit jeher sind die Menschen von den funkelnden, honigfarbenen Steinen fasziniert, die vor allem während der Novemberstürme an die Strände der Ostsee gespült werden. Es handelt sich dabei um versteinertes Harz der Nadelbäume, die diesen Teil der Erde im Eozän, also vor 35 Mio. Jahren, bewaldeten. Heute ist Bernstein eines der beliebtesten Mitbringsel von einer Reise an die Ostsee.

BERNSTEINSAMMLER AN DEN GALGEN!

Schon die alten Prußen wussten Bernstein in bare Münze umzusetzen: Sie verkauften ihn an Rom und ließen sich sein Gewicht in purem Gold auszahlen. Der nächste Landesherrscher, der Deutsche Orden, rief das Amt des Bernsteinmeisters ins Leben. Dieser beaufsichtigte das Sammeln von Bernstein. Auf eigenmächtiges Aufheben des kostbaren Rohstoffs stand die Todesstrafe, woran Galgen an den Stränden einprägsam gemahnten. Erst 1811 fiel das Bernsteinmonopol.

KAUFEN IST SCHÖN ...

Danzig ist seit Jahrhunderten das Zentrum der Bernsteinbearbeitung. Zwar schätzt man, dass der Großteil des Rohmaterials aus dem russischen Kaliningrad (Königsberg) –

oft am Zoll vorbei – kommt, doch der Schönheit des Schmucks tut dies keinen Abbruch. Zu Ohrringen, Ketten, Ringen oder Broschen verarbeitet, glitzert der Bernstein in den Auslagen in der ul. Mariacka, am Mottlau-Kai und hinter der Marienkirche (ul. Szewska). › **mehr S. 19 Punkt 45**

... SELBST FINDEN IST SCHÖNER

In Europa ist Bernstein vorwiegend an der südlichen Ostseeküste zu finden, vor allem in den östlicheren Regionen (Samland und Frische Nehrung). Besonders während heftiger Stürme spült das Meer das kostbare Gut an Land. Nach solchen Stürmen füllt sich die Küste bereits in den frühen Morgenstunden mit Menschen, die die Algenhaufen durchwühlen. Doch Vorsicht ist geboten: Bernstein kann man leicht mit selbstentzündlichem Phosphor verwechseln › **mehr S. 19 Punkt 50**.

ECHT ODER FALSCH?

Auf keinen Fall sollte man Bernstein von fliegenden Händlern kaufen. Das Risiko, billigen Pressbernstein, aus vielen kleinen Bernsteinstückchen zusammengepresst, oder gar ein Plastikimitat zu erwischen, ist groß.

Eigene Bernsteinfunde kann man bei einem Juwelier prüfen lassen. Ansonsten gibt es ein paar Tricks, um echten Bernstein zu erkennen: Klopft man mit dem Fundstück sanft gegen die Schneidezähne, so erzeugt Bernstein einen dumpfen Ton. Etwas aufwendiger ist dagegen die sog. Salzwassermethode: Bernstein schwimmt auf gesättigter Kochsalzlösung, Steine versinken. Bernstein ist außerdem so weich, dass er dem Druck einer Stecknadel nachgibt. Ein weiteres Erkennungszeichen: Bernstein lädt sich bei Reibung elektrisch auf.

Allerdings kann man mit diesen Methoden weder Press- noch Kunststoffbernstein aussortieren. Besser vertraut man daher beim Kauf einem anerkannten Juwelier mit IAA-Zertifikat.

IM BERNSTEINMUSEUM

Ein Besuch im Danziger **Bernsteinmuseum** zeigt deutlich, dass Bernstein in Farbgebungen von fast durchsichtigem Gelb bis hin zu Dunkelbraun vorkommt. Ebenso kann man erfahren, dass sein Wert nach der Klarheit und den Einschlüssen – in Bernstein versunkene Urtierchen, meist Insekten – geschätzt wird. Die Sammlung zeigt auch sehr schöne Beispiele der handwerklichen Verarbeitung von Bernstein (Muzeum Bursztynu, Targ Węglowy 26, 80-833 Gdańsk, Tel. 0 58/3 01 47 33, www.muzeumgdansk.pl, Di 10 bis 13, Mi, Fr–Sa 10–16, Do 10–18, So 11–16 Uhr, Eintritt 12/6 zł).

BEKANNTE BERNSTEINLÄDEN IN DER DANZIGER FRAUENGASSE:

- **Galeria S & A Bursztynowa Biżuteria** c3
  ul. Mariacka 36
  80-833 Gdańsk
  www.s-a.pl
  › **mehr S. 17 Punkt 34**
- **Galeria Wydra** c3
  ul. Mariacka 49
  80-833 Gdańsk

Zu Beginn des Zweiten Weltkriegs 1939 verteidigten 182 polnische Soldaten die Festung Westerplatte sieben Tage lang gegen die Übermacht der deutschen Angreifer. An dieses historische Ereignis erinnert sowohl ein monumentales Denkmal als auch die vom **Museum des Zweiten Weltkriegs** (www.muzeum1939.pl) konzipierte Freilichtausstellung – ein interessanter Spaziergang über die Halbinsel.

ZUM LEUCHTTURM

Am Fährhafen (Nowy Port) erhebt sich gegenüber der Westerplatte der 1894 erbaute Leuchtturm von Danzig-Neufahrwasser (Latarnia Morska). 27 m hoch, war er unbestritten einer der schönsten der Ostsee. Das seit 1984 stillgelegte Leuchtfeuer ist heute als Aussichtsturm zugänglich (ul. Przemyslowa 6 a, Mobiltel. 601 15 02 51, www.latarnia.gda.pl, Mai bis Aug. tgl. 10–19, sonst Sa/So 10 bis 17 Uhr, Eintritt 10/6 zł).

OLIWA E1

Herrlich ist die Fahrt nach Oliwa auf der Lindenallee (al. Grunwaldzka/Zwycięstwa), die gegen Ende des 18. Jhs. angelegt wurde. Nach einigen Kilometern erreichen Sie den 1926 eingemeindeten Stadtteil **Oliwa** (Oliva), bekannt wegen der 1188 gegründeten Zisterzienserabtei.

Wie bei allen Klöstern des Ordens wählten die Mönche auch hier einen idyllischen Ort in einem grünen Tal. Berühmt ist die **Klosterkirche**, seit 1925 Kathedrale. Die Pfeiler des Hauptschiffs und die Außenwände des Querschiffs zeugen noch von der romanischen Bauphase. Sein heutiges Aussehen verdankt das Gotteshaus vorwiegend dem gotischen Umbau; sehr kunstvoll ist das spätgotische Sterngewölbe des Hauptschiffs. Aus dem Barock stammen die hohe Fassade, flankiert von zwei Türmen, und ein Großteil der Innenausstattung. Die Hauptattraktion bildet die berühm-

Die Orgel in Oliwa

te Orgel mit 7876 Pfeifen, 1763 bis 1788 vom Mönch Johann Wulf aus Wormditt gebaut (Orgelkonzerte Juli/Aug. Di und Fr 20 Uhr).

In unmittelbarer Nachbarschaft zur Kathedrale lädt Oliwas Park zu einem Spaziergang für Kulturinteressierte ein: Der barocke **Äbtepalast** beherbergt die Sammlung zeitgenössischer Kunst (bis Nov. 2019 geschl.), der alte Getreidespeicher die ethnografischen Exponate des Nationalmuseums (ul. Cystersów 18 bzw. 19, www.mng.gda.pl; Mai–Sept. Di bis So 10–17, sonst Di–So 9–16 Uhr, Eintritt 5/2,50 bzw. 8/4 zł).

UNTERWEGS IN DER REGION

SOPOT (ZOPPOT) 11 E1

Ein paar Kilometer nördlich von Oliwa, direkt an der Küste, liegt Sopot (37 000 Einw.). Jean George Haffner, Arzt in Napoleons Armee, eröffnete hier im Jahr 1808 eine Badeanstalt. Heute ist Sopot neben Kołobrzeg das beliebteste Seebad des Landes. Bei Einwohnern und Touristen gleichermaßen beliebt ist ein Bummel auf der Flaniermeile **Bohaterów Monte Cassino**, kurz Monciak genannt. Am Krummen Haus, an Geschäften und Restaurants vorbei führt sie hinunter zu den Kuranlagen am Meer. Ein Gang über die Mole, die 511 m lange Seebrücke, gehört zu jedem Besuch der Stadt, obwohl sie durch den Bau einer Marina an ihrem Ende viel vom einstigen Charme eingebüßt hat und im Sommer inzwischen Eintritt (Mo–Fr 5 zł, Sa/So 8 zł) kassiert wird. Dennoch genießen am Abend Liebespaare auf der hölzernen Promenade gern den Sonnenuntergang, nur gestört von den kreischenden Möwen. Freitag und Samstag treffen sich am Strand außerdem all jene, die entweder ins Nachtleben von Sopot weiterziehen oder gleich hier Party machen. Treffpunkt von Berühmtheiten aus aller Welt war einst das **Grand Hotel** direkt an der Mole, das unter Denkmalschutz steht. Inzwischen macht ihm der Nachbar **Sheraton** Konkurrenz durch das angeschlossene Kurhaus mit Trinkhalle und einem Wellnesscenter.

INFO

Touristinformation

- pl. Zdrojowy 2 | 81-720 Sopot
  Tel. 058/5 50 37 83 | www.sts.sopot.pl

HOTELS

Sofitel Grand Sopot €€€

Stilvoller Klassiker unter den Strandhotels (1927), Zimmer mit Meer- oder Parkblick.

- ul. Powstańców Warszawy 12/14
  81-718 Sopot | Tel. 058/52 06 00 00
  www.sofitelgrandsopot.com

Molo Residence €€

Gemütliche Zimmer mit Balkon mitten im Ort, nahe der Fußgängerzone, genauso weit zum Strand wie zum Bahnhof. Auch ein Haus mit Apartments.

- ul. Pułaskiego 6A | 81-760 Sopot
  Tel. 058/355 11 00
  www.moloresidence.pl

RESTAURANT

Przystań €€
Am südlichen Strandabschnitt gibt es stets frischen Fisch. Man sucht sich den Fisch in der Vitrine aus und wartet, bis die Nummer ausgerufen wird. Gute Stimmung!

- al. Wojska Polskiego 11 | 81-769 Sopot
  Tel. 058/5 55 06 61 | www.barprzystan.pl

GDYNIA (GDINGEN)

12 E1

Das Fischerdorf des 13. Jhs. wurde in den 1920er- und 1930er-Jahren zu einer modernen Hafenstadt ausgebaut. Zur funktionalistischen Architektur jener Jahre gehört auch das Fährterminal am Franzosenkai, das mit dem neuen, szenografisch konzipierten **Muzeum Emigracji** (Emigrationsmuseum) begeistert. Es widmet sich den zahlreichen Polen, die in alle Welt auswanderten, um Elend, Hunger, Fremdherrschaft und politischer Verfolgung zu entkommen (Muzeum Emigracji, ul. polska 1, www.polska1.pl, Di 12–20, Mi–So 10–18 Uhr, Eintritt 10/6 zł).

Gdynias Geschichte präsentiert das **Muzeum Miasta Gdyni,** das Stadtmuseum, sehr unterhaltsam (ul. Zawiszy Czarnego 1, www.muzeumgdynia.pl, Di/Mi, Fr 10–18, Do 12–20, Sa/So 10–17 Uhr, Eintritt 10/5 zł).

Die Museumsschiffe **Dar Pomorza,** ein schnittiger Dreimastsegler, und **Blyskawica,** ein Zerstörer der polnischen Marine, sowie das **Aquarium** am Pommernkai (Nabrzeże Pomorskie) ziehen viele Familien an. Die lange Uferpromenade gehört vor allem bei gutem Wetter den Spaziergängern, Radfahrern und Skatern. › mehr S. 13 Punkt 8

INFO

Touristeninformation

- ul. 10 Lutego 24 | 81-364 Gdynia
  Tel. 058/6 22 37 66
  www.gdyniaturystyczna.pl

RESTAURANTS

Barracuda €
Super Fischimbiss am Ende der Uferpromenade, Tische mit Ostseeblick, auch Restaurant (€€).

- Bulwar Nadmorski
  im. Feliksa Nowowiejskiego 10
  81-980 Gdynia | Tel. 058/6 20 80 00
  www.barracuda.net.pl

Café Skwerek €
Guter Kuchen und hervorragendes Eis.
› mehr S. 15 Punkt 19

- Skwer Kościuszki (Ecke Park Rady Europy)
  81-345 Gdynia | www.skwerekcafe.pl

KASCHUBISCHE SCHWEIZ 4

ŻUKOWO (ZUCKAU) 13 E2

Das Dorf ist das Eingangstor zu Kaschubien. Seine Klosterkirche erinnert an die Prämonstratenserinnen, die sich bereits im Jahr 1212 hier ansiedelten. Einige meinen, dass die Nonnen den Einwohnern die traditionelle Kunst der Stickerei beigebracht hätten. Die häufigsten Stickmotive sind Tulpen, Margeriten und

Über 70 Jahre war der Dreimaster Dar Pomorza auf den Weltmeeren zu Hause

Herzen, die immer in denselben sieben Farben gearbeitet werden.

KARTUZY (KARTHAUS) 14 E2

Die wichtigste Stadt (15 000 Einw.) in Kaschubien leitet ihren Namen von dem seit 1380 ansässigen Kartäuserorden her, dessen **Klosterkirche** (1381–1403) mit dem doppelt geschwungenen Mansardendach (18. Jh.) die Hauptsehenswürdigkeit des Ortes ist: Das Dach ist angeblich einem Sargdeckel nachempfunden. Im Innern sind das barocke Chorgestühl (um 1675) mit feinster Schnitzarbeit und der Altaraufsatz von 1444 (in der Seitenkapelle, Kaplica Najświętszej Marii Panny) sowie das Uhrenpendel über dem Hauptportal sehenswert (Schlüssel im Haus am Friedhof). › mehr S. 17 Punkt 30

Das **Kaschubische Museum** gibt einen guten Überblick über die Volkskunst der Region (Muzeum Kaszubskie, ul. Kościerska 1, www.muzeum-kaszubskie.pl, Juli–Aug. Di–Fr 9–18, Sa, So 9–17, Mai–Juni, Sept. Di–Fr 8–16, Sa 8–15, So 10 bis 14, sonst Di–Fr 8–16, Sa 8–15 Uhr, Eintritt 10/6 zł). Ende Juli organisiert das Museum den Jarmark Kaszubski, ein großes Fest mit Volksmusik und -tanz.

HOTEL

Pod Orlem €€€

Kleines, verkehrsgünstig gelegenes 3-Sterne-Hotel mit gutem Restaurant.

- ul. 3 Maja 10 | 83-300 Kartuzy
  Tel. 058/7 36 66 01
  www.hotel-podorlem.com

SZYMBARK (SCHÖNBERG) 15 E2

Eine ungewöhnliche Art von Volkskunst lernt man auf halbem Weg zwischen Kartuzy und Kościerzyna kennen: Im **Bildungszentrum der**

Das Bildungszentrum in Szymbark ermutigt zum Perspektivenwechsel

Region steht nicht nur der längste aus einer Holzplanke gefertigte Tisch – fast 37 m, wie das Guinnessbuch der Rekorde bestätigt –, sondern auch ein Haus auf dem Kopf! Als Tür dient ein Fenster, man spaziert auf der Decke und über dem Kopf der Besucher hängen die Möbel (Centrum Edukacji i Promocji Regionu, ul. Szymbarskich Zakładników 12, Tel. 058/6 84 69 33, www.cepr.pl, Mai–Sept. Mo–Sa 9–19, So 10–19, sonst Mo–Fr 9–16, Sa 10–16, So 10–17 Uhr, Eintritt 24/18 zł).

CHMIELNO 16 D2

Die schönsten Dörfer Kaschubiens, **Chmielno, Brodnica** und **Ostrzyce,** liegen dicht beieinander in einer traumhaften Landschaft. Chmielno ist das Zentrum der kaschubischen Töpferei. Ein kleines **Töpfermuseum** zeigt typische Krüge, Töpfe und Vasen (Muzeum Ceramiki, ul. Gryfa Pomorskiego 65, www.necel.pl, Mo–Sa 9–18 Uhr, Eintritt 7 zł).

RESTAURANT

U Czorlińsciego €€

Gute kaschubische Küche und Terrasse oberhalb der Seen von Chmielno.

- ul. Gryfa Pomorskiego 63
  83-333 Chmielno | Tel. 058/6 84 22 78

WDZYDZE KISZEWSKIE 17 D2

17 km südlich von Kościerzyna liegt das Dorf Wdzydze Kiszewskie malerisch am gleichnamigen See. Das **Kaschubische Freilichtmuseum** vereint Wind- und Ölmühlen, Bauernhöfe und ein Sägewerk. Im Juli gibt ein Festival Gelegenheit, Töpfern, Zimmerleuten und Müllern bei der Arbeit über die Schulter zu schauen, kaschubische Spezialitäten zu kosten und schöne Orgelkonzerte in einer Holzkirche zu genießen (Kaszubski Park Etnograficzny, Tel. 058/6 86 11 30, www.muzeum-wdzydze.gda.pl, Juli–Sept. Di–So 10 bis 18, Mai/Juni Di–Fr 9–16, Sa/So 10–18, April, Okt. Di–So 9–16, sonst Mo–Fr 10–15, Eintritt 16/11 zł).

HOTEL

Pod Niedźwiadek €€

Das am Zusammenfluss zweier Seen gelegene Hotel ist ein guter Standort für Ausflüge in die Umgebung. Mit Spa, eigenem Badestrand und Bootsanleger.

- ul. Stolema 2
  83-406 Wdzydze
  Tel. 058/6 86 13 13
  www.hotelniedzwiadek.pl

BYTÓW (BÜTOW) 18 D2

Am Westrand Kaschubiens liegt die vom Deutschen Orden im 14. Jh. gegründete Stadt (16 000 Einw.). Von ihrer Blütezeit im 15. Jh. kündet die mächtige **Burg** mit dem Westkaschubischen Museum (Muzeum Zachodniokaszubskie, www.muzeumbytow.pl, Mai–Aug. Mo 10 bis 16, Di–So 10–18, Sept.–April tgl. 10–16 Uhr, Eintritt 9,50/7,50 zł) und dem Hotel W Zamku.

Die Burg gehört zu den jüngsten und modernsten Wehranlagen des Ordens. An der Westgrenze des Ordensstaates diente sie als Vogtsitz und beherbergte eine Garnison Söldner. Im Unterschied zu den älteren Klosterburgen gibt es hier einen weiten, unbebauten Hof und massive Ecktürme, die bereits auf die Verwendung von Feuerwaffen eingerichtet waren.

HOTEL

W Zamku €€

Modernes Ambiente in der historischen Deutschordensburg.

- ul. Zamkowa 2 | 77-100 Bytów
  Tel. 059/8 22 20 94
  www.hotelwzamku.pl

DIE KASCHUBEN

Die slawische, 200 000 Menschen zählende Volksgruppe lebt zwischen zahlreichen Hügeln, tiefen Seen, dichten Wäldern und entlang der Ostsee – zwischen Starogard Gdański im Süden, Bytów im Westen und der Küstenlinie von Gdynia bis Karwia im Norden. Anna Koljaiczek, die Großmutter von Oskar Matzerath, dem Romanhelden aus der Blechtrommel (1959) von Günter Grass, brachte es auf den Punkt: »Wenn man Kaschub is, das raicht weder de Deitschen noch de Pollacken. De wollen es immer genau haben.« Grass, selbst Kaschube, der seinen Worten nach das Kaschubische verlernt hat, setzte der Volksgruppe mit der »Danziger Trilogie« – neben der »Blechtrommel« »Katz und Maus« (1961) sowie »Hundejahre« (1963) – ein literarisches Denkmal.

Die Deutschen wollten die Kaschuben germanisieren, die Polen, die im Kaschubischen lediglich eine Mundart des Polnischen sehen, wollten sie polonisieren. Obwohl man heute an der Universität Danzig Kaschubistik lehrt und sich Kaschubisch inzwischen an einigen Grundschulen als Unterrichtssprache etabliert hat, ist es vielleicht schon zu spät. Was bleibt, sind eine wunderschöne Landschaft und interessante Kulturgüter: Holzarchitektur, Stickerei und Keramik sowie eine eigentümliche Musik und Erzähltradition konnten sich bis heute erhalten.

AN DER UNTEREN WEICHSEL

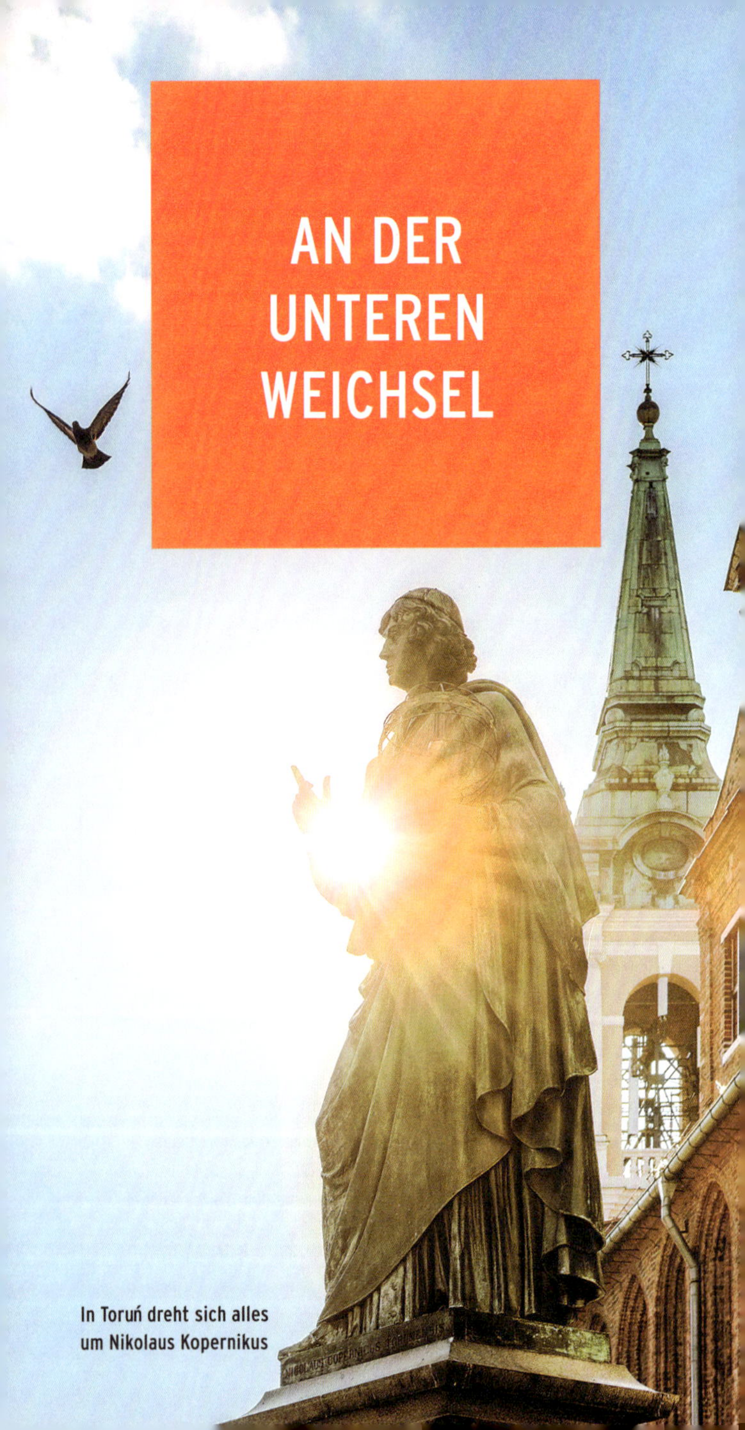

In Toruń dreht sich alles um Nikolaus Kopernikus

Die Deutschordensritter prägten einst das Land am Unterlauf der Weichsel, die auf ihrem Weg in die Danziger Bucht ein weites Flussdelta bildet. Heute bezaubern hier das mittelalterliche Flair von Toruń und die imposante Marienburg.

Toruń (Thorn) ist neben Krakau die einzige größere Stadt Polens, die den Zweiten Weltkrieg weitgehend unversehrt überstanden hat. Und so gehört Toruńs Altstadt seit 1977 zum UNESCO-Weltkulturerbe.

Ein weiterer Ort, der das begehrte Prädikat erhielt, ist die **Marienburg** (Malbork). Im 14./15. Jh. war die Burg Hauptsitz des deutschen Ordens. In den Abendstunden meint man, vor der imposanten Burgsilhouette das Bild von sagenhaften Rittergestalten in weißen Umhängen mit schwarzen Kreuzen aufsteigen zu sehen: das Bild der Deutschordensritter, der einstigen Herren des Landes. Doch viele Völker prägten den unteren Weichsellauf: heidnische Prußen, Deutsche und Polen. Allein die Holländer, die das Weichselwerder dem Meer abrangen, erhoben keine politischen Ansprüche. Sie brachten das Know-how zum Bau von Deichen und Wällen mit, errichteten Windmühlen und formten die Landschaft. Das Flussdelta mit unzähligen Nebenarmen, Deichen und Kanälen erinnert bis heute an die Heimat der Siedler.

TOUREN IN DER REGION

TOUR 8

FESTUNGSSTÄDTE AN DER WEICHSEL

ROUTE: Tczew > Malbork > Kwidzyn > Grudziądz (> Radzyń Chełmiński) > Chełmno > Toruń

KARTE: Seite 105
LÄNGE: 200 km (mit Abstecher nach Radzyń Chełmiński 240 km)

PRAKTISCHE HINWEISE:
- Die Besichtigung der Marienburg dauert mindestens einen halben Tag. So kommt man nicht umhin, unterwegs zu übernachten. Vom westlichen Ufer der Nogat im Licht der untergehenden Sonne sieht die Festung am besten aus!
- Unterkünfte gibt es in Kwidzyn und Toruń, für das man mindestens einen Tag einplanen sollte.
- Von Toruń kommt man ebenso schnell nach Olsztyn wie in die polnische Hauptstadt Warschau.

TOUR-START:

Längst ist der Ordensstaat untergegangen, doch seine Backsteinburgen sind bis heute ein beeindruckendes Zeugnis der einstigen Macht. Sie wurden an strategischer Stelle errichtet, sicherten die Grenze ab und waren zugleich Regierungszentralen. Die schönste ist die Marienburg, die ebenso zum UNESCO Weltkulturerbe gehört wie die Altstadt von Toruń, dem Zielort dieser Tour.

In **Tczew** 10 › S. 119 sollten Sie von der Weichselpromenade einen Blick auf die Eisenbahnbrücke werfen, die Ende des 19. Jhs. die längste Europas war. Bald nachdem Sie die kilometerbreite Flussniederung auf einer Brücke weiter südlich gequert haben, ist **Malbork** 9 › S. 117 erreicht. Die Marienburg, der einstige Hauptsitz der Ordensritter, beeindruckt noch heute aufgrund seiner Größe und Eleganz.

Wer Malbork gesehen hat, fährt an Sztum, 14 km weiter südlich, meist achtlos vorbei. Seine Ordensburg wurde über einem fünfeckigen Grundriss errichtet und dient inzwischen als Kulturzentrum. Weit imposanter ist die Bischofsburg von **Kwidzyn** 7 › S. 115, die sich am Weichselhochufer erhebt. In **Grudziądz** 5 › S. 114 möchte man gern mehr Zeit verbringen: Die Stadt an der Weichsel lockt zu einem Spaziergang durch die weiten Uferwiesen vor der imposanten Kulisse der mittelalterlichen Backsteinspeicher.

Die Route führt weiter auf der Straße 55 nach **Chełmno** 3 › S. 113, das malerisch über der Weichsel thront. Fünf Kirchen, schmale Bürgerhäuser und ein Festungswall trugen ihm den Beinamen »polnisches Carcassonne« ein.

Auf der südostwärts führenden E74 ist **Toruń** (Thorn) 1 › S. 106 schnell erreicht; doch viel schöner ist es, auf stillen Nebenstraßen noch ein Stück weiter der Weichsel zu folgen und mit einem Abstecher nach Bydgoszcz an das Ziel zu gelangen.

TOUR 9

RADTOUR ZUM HEILIGEN HAIN

ROUTE: Żuławka Sztumska › Jasna › Bągart › Święty Gaj › Cholin

KARTE: Seite 105
LÄNGE: 33 km (hin und zurück)
PRAKTISCHE HINWEISE:

- Da es keine Leihstation gibt, ist man auf das eigene Rad angewiesen. Doch die Tour ist auch mit einem Auto machbar, wobei man die letzten 2 km dann zu Fuß zurücklegen muss.
- Zum Startpunkt der Tour in Żuławka Sztumska kommt man entweder ab Elbląg oder ab Malbork via Dzierzgon (je ca. 34 km).

TOUR-START:

Der Bischof von Prag, Adalbert (Św. Wojciech), später heiliggesprochen und zu Polens Schutzpatron erhoben, verließ seine Heimat 996, um die prussischen Heiden zu bekehren. Die hier vorgestellte Radtour folgt den Spuren seiner letzten Missionsreise.

Von Żuławka Sztumska mit seiner aufpolierten gotischen Kirche folgt man der Straße über Stalewo in das im 13. Jh. von den Ordensrittern gegründete Städtchen Jasna. Dann geht es ostwärts nach Bągart, wo sich ein schönes Panorama bietet: Im Vordergrund sieht man den Druznosee, dahinter entfalten sich die Häuser und Kirchtürme von Elbląg und am Horizont erheben sich die Elbinger Höhen. Bei klarer Sicht kann man sogar die Frische Nehrung erkennen.

Das nächste Dorf ist Święty Gaj (Heiliger Hain), das mit einer neogotischen Kirche und einer Pilgerherberge (Dom Pielgrzyma) aufwartet. Am Nordrand des Dorfs, wo Bischof Adalbert 997 wahrscheinlich seine letzte Messe las, wurde ein Pilgeraltar errichtet. 1000 Jahre später wurde Święty Gaj von der katholischen Kirche zum Wallfahrtsort erklärt. Zum Gedenktag des hl.

TOUREN AN DER UNTEREN WEICHSEL

TOUR 8

FESTUNGSSTÄDTE AN DER WEICHSEL

Tczew > Malbork > Kwidzyn > Grudziądz (> Radzyń Chełmiński) > Chełmno > Toruń

TOUR 9

RADTOUR ZUM HEILIGEN HAIN

Żuławka Sztumska > Jasna > Bągart > Święty Gaj > Cholin

Karte S. 105

Adalbert anlässlich seines Todes am 23. April 997 pilgern Tausende hierher, um Polens Patron zu ehren.

Romantisch ist die Fortsetzung der Tour über einen am Waldrand verlaufenden Feldweg nach **Cholin,** zu einem prußischen Burghügel. Die »Burg« aus dem 11. Jh. war angeblich der Ort, an dem Bischof Adalbert hingerichtet wurde. Zurück geht es auf der vom Hinweg bekannten Strecke.

VERKEHRSMITTEL

Per Zug kommt man von Toruń über die Städte Grudziądz, Kwidzyn und Sztum nach Malbork und von dort schnell nach Danzig. Parallel dazu gibt es gute Busverbindungen.

UNTERWEGS AN DER WEICHSEL

TORUŃ (THORN) 1 E4

Die mittelalterliche Weichselstadt Toruń (203 000 Einw.) schließt man auf den ersten Blick ins Herz. Die Cafés und Restaurants der Altstadt sind Tag und Nacht von Studenten bevölkert, die diskutieren, lernen und sich amüsieren. Und beim Streifzug durch die engen Gassen werden Sie so manche bezaubernde Ecke entdecken. Die Hauptsehenswürdigkeiten sind bequem zu Fuß erreichbar.

RATHAUS A 5

Den Marktplatz (Rynek Staromiejski) beherrscht der gewaltige mittelalterliche Backsteinbau des Rathauses. Gegen Ende des 14. Jhs. wurden verschiedene ältere Gebäude, unter ihnen die Tuchhallen, nach flämischen Vorbildern (Ypern) zur heutigen Vierflügelanlage erweitert – weder in Polen noch in Deutschland gibt es Vergleichbares. Wer den Turm besteigt, wird mit einer reizvollen Aussicht auf das Dächermeer und die Weichsel belohnt.

Im Innern behielt das Erdgeschoss seinen gotischen Charakter, die Säle des Hauptgeschosses stammen aus dem 16. und 17. Jh. Hier zeigt das **Bezirksmuseum** seine Sammlung zu Stadtgeschichte und Kunsthandwerk des 13. bis 18. Jhs., gotische Kunst und Porträts aus dem 16. bis 18. Jh., darunter das bekannteste Kopernikusbildnis (16. Jh.; anonym), sowie polnische Malerei des 18. bis 20. Jhs. (www.muzeum.torun.pl, Mai–Sept. Di–So 10–18, sonst bis 16 Uhr, Eintritt 23/9 zł, Turm: Mai–Sept. 10–20, April, Okt. bis 18, sonst bis 16 Uhr, Eintritt 13/10 zł).

Neben dem Rathaus ist **Nikolaus Kopernikus,** dem wohl berühmtesten Sohn der Stadt (1473–1543), ein Denkmal gewidmet. Die lateinische Inschrift besagt, dass der Astronom, der hier ein Astrolabium (Sternenhöhenmessgerät) in seinen Händen hält, die Sonne zum Stillstand gebracht und die Erde in Bewegung gesetzt habe › S. 128. An einen Helden anderer Art erinnert das Denkmal an der Südwestecke des Platzes: Ein Flößer soll die Stadt von einer

Blick vom Rathausturm über die Dächer von Toruń bis zur Weichsel

Froschplage befreit haben, indem er die Tierchen mit dem Klang seiner Geige aus der Stadt lockte.

HAUS UNTER DEM STERN B

Besonders prächtig ist die Fassade des **Hauses unter dem Stern** (Dom pod Gwiazdą, Rynek 35). Blumen- und Fruchtornamente umranken Fenster und Giebel. Sie sind ebenso Ergebnis der barocken Umgestaltung wie die hervorragend erhaltenen Innenräume, in denen heute die Sammlung fernöstlicher Kunst des Bezirksmuseums zu Hause ist – die dickbäuchigen, lachenden Buddhas entführen den Besucher in eine andere Welt, weit weg von Backsteinkirchen und Ordensburgen (www.muzeum.torun.pl, Mai–Sept. Di–So 10–18, sonst bis 16 Uhr, Eintritt 10/7 zł).

MARIENKIRCHE C

Nordwestlich des Marktes steht die Marienkirche (Kościół Najświętszej Marii Panny; 14. Jh.), die den Ordensregeln der Franziskaner entsprechend keinen Turm hat. Der durch seine betont schmalen Seitenschiffe überaus hoch wirkende Hallenraum (27 m) trägt an der Südwand schöne Wandmalereien mit auffallend lang gestreckten Heiligenfiguren. Besonders kunstvoll gearbeitet ist das Chorgestühl. Der Hauptaltar setzt in seiner Üppigkeit einen barocken Akzent in dem Backsteinbau. In einer Kapelle am Chor ruht Anna Wasa: Die Schwester des polnischen Königs Sigismund III. Wasa liegt, in Stein gehauen, kostbar bekleidet und die Hände zum Gebet gefaltet, auf ihrem Grab.

JOHANNISKIRCHE D

Diese Kirche (Kościół śś. Janów) erhebt sich südöstlich des Marktes und ist an ihrem massiven Turm und ihren drei charakteristischen Dächern zu erkennen. Die breite Hallenkirche vereint im Innern Zeugnisse mehrerer Stilepochen. Die verblassten spätgotischen Fresken sind original erhalten. Die im Krieg verschollene **Schöne Madonna** (Kopie links in der Apsis) sowie eine **Konsole,** unter der Moses mit den Gesetzestafeln steht, sind das Werk eines unbekannten süddeutschen oder böhmischen Künstlers. In der ersten Kapelle rechts soll Kopernikus getauft worden sein; eine Gedenktafel mit Bild erinnert daran.

KOPERNIKUS-MUSEUM E

In der Altstadt haben sich etwa 200 unter Denkmalschutz stehende Bürgerhäuser erhalten, meist mit vorgeblendeten barocken oder klassizistischen Fassaden. Zwei Häuser wurden im gotischen Baustil rekonstruiert. Sie beherbergen das sehenswerte Kopernikus-Museum.

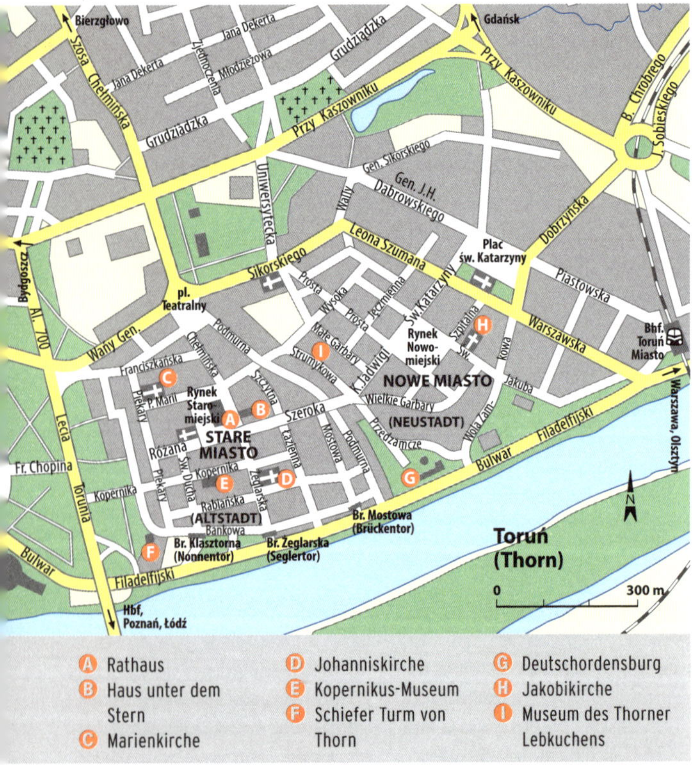

A Rathaus
B Haus unter dem Stern
C Marienkirche
D Johanniskirche
E Kopernikus-Museum
F Schiefer Turm von Thorn
G Deutschordensburg
H Jakobikirche
I Museum des Thorner Lebkuchens

Vermutlich kam der Astronom 1473 hier, in der einstigen St.-Annen-Straße, zur Welt (Muzeum Kopernika, ul. Kopernika 15/17, www.muzeum.torun.pl, Mai–Sept. Di–So 10–18, sonst bis 16 Uhr, Eintritt 13/10 zł).

SCHIEFER TURM VON TORUŃ F

Ein Überrest der ehemaligen Stadtmauer ist der Schiefe Turm (Krzywa Wieża). Der Bau, der sich wegen der Bodenverhältnisse etwa 2 m weit nach vorne geneigt hat, stammt aus dem 13. Jh. und diente u. a. als Frauengefängnis. › mehr S. 17 Punkt 32

DEUTSCHORDENSBURG G

Entlang der Weichsel geht es zur Neustadt, vorbei an drei Stadttoren und Überresten der alten Stadtmauern: **Nonnen-** bzw. **Hl.-Geist-Tor** (Brama Klasztorna), **Seglertor** (Brama Żeglarska) und **Brückentor** (Brama Mostowa).

Bald darauf gelangt man zu den Ruinen der Deutschordensburg (Zamek Krzyżacki). Die Burg aus dem 13./14. Jh. wurde im Gegensatz zu den meisten Deutschordensburgen auf einem unregelmäßigen halbovalen Grundriss errichtet. Mit dem Sturm der Feste durch die Thorner Bürger begann 1454 der Dreizehnjährige Krieg. Die Festungsmauern wurden anschließend größtenteils abgetragen. Erhalten blieb nur der Dansker (nach 1300), der Abortturm, der über einen Arkadengang mit dem Haupthaus verbunden war.

JAKOBIKIRCHE H

Die Neustadt (Nowe Miasto) östlich der Ordensburg war von 1264 bis

Der Schiefe Turm von Toruń ist noch schiefer als der von Pisa

1454 eine selbstständige Stadt – hier besaß der Deutsche Orden größeren Einfluss als in der Altstadt. Ihre Hauptkirche, die Jakobikirche (Kościół św. Jakuba), liegt nahe dem **Neustädter Markt** (Rynek Nowego Miasta). Anders als die meisten Kirchen im Ordensland ist sie keine Hallenkirche, sondern eine Basilika, d.h. das Hauptschiff ist höher als die Seitenschiffe und wird durch Fensterreihen von oben beleuchtet. Die eindrucksvolle Kirche (14. Jh.) besitzt eines der ältesten Sterngewölbe Europas.

Im eleganten Chor sind zahlreiche glasierte Backsteine, ein wichtiges Gestaltungsmittel der hiesigen gotischen Architektur, eingearbeitet. Seltenheitswert hat der mittelalterliche Buchstabenfries um das Hauptportal sowie jener im Innenraum des Chores. An einigen Stellen sind noch gotische Fresken erhalten geblieben, darunter eine Darstellung des Jüngstens Gerichts gleich rechts vom Eingang.

MUSEUM DES THORNER LEBKUCHENS

Endlich hat die Stadt der Thorner Kathrinchen ein tolles, interaktives Lebkuchenmuseum. In den Backsteinbauten der ehemaligen Lebkuchenfabrik Weese aus dem 19. Jh. erfährt man alles über Zutaten, Herstellung und Verbreitung der würzigen Honigkuchen. Wer dabei Appetit bekommt, kehrt ins Museumscafé ein (Muzeum Toruńskiego Piernika, ul. Strumykowa 4, www.muzeum.torun.pl, Mai–Juni Mo–So 10–18, Juli–Sept. Di–So 10–18, sonst Di bis So 10–16 Uhr, Eintritt 13/9 zł).

INFO

Touristeninformation

- Rynek Staromiejski 25 | 87-100 Toruń
  Tel. 056/6 21 09 31
  www.it.torun.pl

HOTELS

Bulwar €€€

Das komfortable 4-Sterne-Hotel mit Spa und Restaurant an der Stadtmauer zur Weichsel ist idealer Ausgangspunkt für die Besichtigung von Toruń.

- ul. Bulwar Filadelfijski 18
  87-100 Toruń | Tel. 056/6 23 94 00
  www.hotelbulwar.pl

ORDENSRITTER, HANSE UND STUDENTEN

Nur drei Jahre nach ihrer Ankunft im Norden Europas, 1233, gründeten die Deutschordensritter Thorn, das sie an ihren Besitz Toron in Palästina erinnern sollte. Als Mitglied der Hanse stieg Thorn neben Danzig zur bedeutendsten Stadt Preußens auf, blieb aber wirtschaftlich und politisch vom Deutschen Orden abhängig. Dieser Situation überdrüssig, revoltierten die Thorner Patrizier gegen den Orden und unterstellten ihre Stadt dem polnischen König, der im Gegenzug Thorn 1454 das Münzrecht verlieh.

Im Unterschied zu Danzig büßte das protestantische Thorn zusammen mit ganz Westpreußen 1569 seine Autonomie ein. Es wurde polonisiert und katholisiert, was zu Konflikten führte, die 1724 im sogenannten Thorner Blutsonntag gipfelten: Vierzehn Ratsherren und der Bürgermeister wurden hingerichtet. Nach der Zweiten Polnischen Teilung (1793) gehörte Thorn bis zum Ende des Ersten Weltkriegs zu Preußen.

Nach der Besetzung der Stadt 1939 setzten die Nationalsozialisten auch hier ihre Politik, die die Liquidierung der Führungselite zum Ziel hatte, um: In den Wäldern um Thorn und Bydgoszcz (Bromberg) wurden Tausende von Polen ermordet. Mit der Gründung der Universität im Jahr 1945 zog das intellektuelle Leben wieder in die Stadt ein; die Fakultät für Restauratoren ist heute weltberühmt.

Im Thorner Lebkuchenmuseum dürfen Besucher selbst kreativ werden

Hotel 1231 €€€
Freundliches und stimmungsvolles Boutiquehotel in den historischen Mauern einer Deutschordensburg des 13. Jhs., mit Spa-Angebot und empfehlenswertem Restaurant.

- ul. Przedzamcze 6
  87-100 Toruń
  Tel. 056/6 19 09 10
  www.hotel1231.pl

Copernicus €€
In dem großen Konferenzhotel mit Spa und Tennisplätzen außerhalb der Altstadt herrscht eine helle und freundliche Atmosphäre

- Bulwar Filadelfijski 11
  87-100 Toruń
  Tel. 056/6 11 57 00
  www.copernicustorunhotel.com

Karczma Spichrz €€
Das gemütlich-rustikale Interieur passt zu dem historischen Speichergebäude in der Altstadt.

- ul. Mostowa 1 | 87-100 Toruń
  Tel. 056/6 57 11 40 | www.spichrz.pl

RESTAURANTS

Po Naszemu €€
In einem historischen Keller werden ausgezeichnete Wild- und Fischgerichte serviert.

- ul. Dominikańska 9 | 87-100 Toruń
  www.ponaszemu.pl

Szeroka 9 €€
Elegantes Café-Restaurant mit italienisch-polnischer Speisekarte, ideal zum Frühstücken.

- ul. Szeroka 9 | 87-100 Toruń
  Tel. 056/6 22 84 24 | www.szeroka9.pl

Karte S. 108

FESTIVALS

Im Mai verwandelt sich Toruń in eine einzige große Bühne: Das internationale Theaterfestival »Kontakt« in geraden Jahren und das nationale Nachwuchsfestival »Pierwszy Kontakt« in ungeraden Jahren liefern einen Überblick über die europäische Szene (Programm und Tickets in der Touristeninformation > **S. 110**).

NIGHTLIFE

Die Stadt Toruń bietet, insbesondere an den Wochenenden, ein reges Nachtleben. Besonders beliebt – vor allem bei den vielen Studenten – ist das Lokal **U Szwejka** (Rynek Staromiejski 36, Mobiltel. 600 45 46 00, www.szwejk.torun.com.pl), ein uriger Bierkeller. Weitere Tipps für Bierliebhaber sind das gemütliche **Krajina Piva** (Rynek Nowomiejski 8, Mobiltel. 533 33 19 85, www.fb.com/krajinapiva) und der **LIGA Sport Club** (ul. Małe Garbary 13, Tel. 056/6 59 13 29, www.ligasportclub.pl) mit kleiner Speisekarte und guter Stimmung. Hier werden u. a. Fußballspiele live im Fernsehen übertragen.

DER DEUTSCHE ORDEN

Der Deutsche Orden kam im Jahr 1230 an die Weichsel, eroberte das Land der Prußen und gründete einen mächtigen Staat, der 1525 in Konfrontation mit Polen und Litauen und durch den Widerstand der Bürger zugrunde ging. Sowohl die Deutschen als auch die Polen machten den Deutschen Orden zum Symbol ihrer politischen Projektionen – je nach Betrachter wurden die Ritter glorifiziert oder verdammt.

Die Deutschen suchten nach der Reichsgründung 1870 nach Identitätsstützen. Der effiziente Ordensstaat stand für die Kulturarbeit im – der damaligen Argumentation folgend – »kulturlosen Osten«. Die Niederlage bei Tannenberg 1410, die in Polen als »Schlacht bei Grunwald« bekannt ist, wurde 1914 in der zweiten Schlacht von Tannenberg gerächt. Es war unwichtig, dass das Schlachtfeld weit von jenem mittelalterlichen Ort entfernt war, es war irrelevant, dass es dieses Mal Russen und nicht Polen waren – der geschichtliche Vergleich bot sich an. Auch in der NS-Zeit wurde der Deutsche Orden strapaziert: Ihre Jugendbildungszentren nannten die Nazis stolz Ordensburgen.

Die Polen wiederum assoziierten mit den Ordensrittern nur das Schlimmste. Sie sahen in ihnen nicht christliche Missionare und Kulturboten, sondern die Verkörperung des deutschen Expanionsdrangs nach Osten. Die Rittermönche waren eine hinterlistige Räuberbande, so wie sie Literaturnobelpreisträger Henryk Sienkiewicz in seinem Roman »Die Kreuzritter« (1900) darstellte. Der Sieg der Polen bei Tannenberg bzw. Grunwald hielt die Erinnerung an die Größe eines Landes wach, das im 18. Jh. ohne viel Federlesens unter den Nachbarn aufgeteilt worden war. Die Zeit von 1939 bis 1945 verfestigte bei den Polen endgültig das Bild vom bösen Deutschen in einer jahrhundertelangen Geschichte: von den Deutschordensrittern über die preußischen Beamten bis hin zu den Männern der SS.

SHOPPING

Die Thorner Honigkuchen werden seit 1640 in unterschiedlichen Formen, beispielsweise als Prunkwagen oder Trachtenfiguren, gebacken. Sie sind ein sowohl Augen- als auch Gaumenschmaus und ein perfektes Mitbringsel. Die originellsten Exemplare – und die schönsten Souvenirs – bekommt man im **Pierniczek** (Zeglarska 25), einem Nostalgieladen mit ganz besonderem Flair.

› mehr S. 15 Punkt 20

GOLUB-DOBRZYŃ (GOLLUB) 2 E3

Die einstige **Grenzburg** des Deutschen Ordens blickt über dem Drewenz-Tal auf die Masowische Ebene herab. Die vier Burgflügel gruppieren sich um den von einem Kreuzgang umgebenen Innenhof. Die ungewöhnliche Bekrönung der Wände mit einer Attika – einer für polnische Bauten aus der Renaissance typischen dekorativen Stützmauer – ließ Anna Wasa, die Schwester des polnischen Königs Sigismund III. Wasa, 1620 hinzufügen. Im Rahmen einer Führung kann man das kleine Museum in den einstigen Burgsälen besichtigen (Mai–Sept. Di–So 9–19, sonst bis 15 Uhr).

Die Burg bildet alljährlich Mitte Juli eine schöne Kulisse für das internationale Ritterturnier, bei dem sich edle Herren aus ganz Europa hoch zu Ross, in Rüstung und mit Schwert, Beil oder Lanze dem Kampf stellen – ein recht teures Hobby übrigens. Beim Armbrustschießen dürfen auch die Zuschauer ihr Können erproben (Infos zum Programm: www.zamekgolub.pl und bei der Touristeninformation: Domek Pod Kapturem, ul. Rynek 19; Karten im Hotel Vabankul, ul. Rynek 9, Tel. 056/ 6 82 02 70).

HOTEL

Zamek Golubski €€

Es ist ratsam, früh zu reservieren, da das Burghotel im ehemaligen Haus des Kastellans rasch ausgebucht ist.

- ul. PTTK 13 | 87-400 Golub-Dobrzyń
  Tel. 056/6 83 24 66
  www.zamekgolub.pl

CHEŁMNO (KULM) 3 E3

Schon von Weitem ist die Silhouette des hoch am Weichselufer gelegenen Chełmno (20 000 Einw.) zu sehen. Viele mittelalterliche Kirchen und die massiven Stadtmauern lassen erahnen, dass es in der Stadt früher keineswegs so verschlafen zuging wie heute. Sie war schließlich eine der ersten (1233) und wichtigsten Städte des Ordenslandes Preußen: Das Kulmer Recht war Vorbild für viele Stadtgründungen im Land.

RATHAUS

Am Marktplatz des hübschen Provinzstädtchens begeistert das Rathaus (16. Jh.) in der für Zentral- und Südpolen typischen Bauweise. Die der antiken Proportionenlehre widersprechende Gliederung trägt manieristische Züge. Die Verzierungen werden nach oben hin reicher, wodurch dieser Teil optisch schwerer wirkt – normalerweise verfährt man umgekehrt.

MARIÄ-HIMMELFAHRT-KIRCHE

Unter den fünf gotischen Kirchen der Stadt ist die Pfarrkirche (direkt am Markt, errichtet um 1300) hervorzuheben. Der fein gegliederte Turm und die quergestellten Dächer der Seitenschiffe verleihen dem Bau eine markante Silhouette. Im Innenraum mit einem schlichten Kreuzgewölbe beachte man die gotischen Fresken im Chor sowie die elf Apostelfiguren an den Pfeilern.

ŚWIECIE (SCHWETZ)

4 E3

Auf der anderen Weichselseite liegt Świecie (26 000 Einw.). 1309 eroberte der Deutsche Orden den Ort und errichtete eine Burg. Im 19. Jh. wurde die Stadt zum Schutz vor Überschwemmungen an das hohe Weichselufer verlegt. Die Ordensburg im Flusstal ist heute eine stattliche Ruine mit rundem Bergfried. Durch die Löcher in der Bekrönung des Turms wurde heißes Pech auf etwaige feindliche Angreifer gegossen.

GRUDZIĄDZ (GRAUDENZ) 5 E3

Bald nach der Gründung 1291 entwickelte sich die Kaufmannssiedlung zu einer bedeutenden Handelsstadt an der Weichsel. Ende des 18. Jhs. wurde hier eine der wichtigsten preußischen Festungen errichtet. Nun steht das Fort Wielka Księża Góra als beispielhafte, europäische Festungsarchitektur zur Besichtigung offen (Wielkie Lniska 22, Di–Fr 10–17, Sa/So 10–18 Uhr, Eintritt 12/8 zł).

Den Reisenden lockt Grudziądz mit einer recht gut erhaltenen **Altstadt,** malerisch am Weichselufer gelegen. Einmalig ist ein Ensemble von 26 **Speicherhäusern** (14. bis 17. Jh.). Von der Stadtseite aus sind nur zwei Stockwerke zu sehen, doch zum Flussufer hin präsentieren sich die backsteinernen Getreidespeicher als sieben- bis achtstöckige Bauten. Das Stadtmuseum macht fünf davon zugänglich (ul. Spichrzowa 9–15, www.muzeum.grudziadz.pl, Mai–Sept. Di, Fr 10–18, Mi/Do 10–16, Sa/So 10–15, Okt.–April Di–Do, Sa/So 10–15, Fr 10–18 Uhr, Eintritt 9/4,50 zł).

RADZYŃ CHEŁMIŃSKI (REHDEN) 6 E3

Die **Burg Rehden** ist eine der ganz wenigen Deutschordensburgen, die niemals umgebaut wurden, sodass sie auch als Ruine noch ein authentisches Bild ihrer ursprünglichen Gestalt vermittelt. In ihrer vollkommenen Symmetrie war die Burg ein architektonisches Meisterwerk.

KWIDZYN (MARIENWERDER) 7 E2

Hoch oben über dem weiten Tal der Weichsel und am Ortsrand von Kwidzyn (40 000 Einw.) ragt die **Domkapitelburg,** eine der bedeutendsten Burganlagen des Deutsch-

Auf das 14. Jh. geht die imposante Domkapitelburg in Kwidzyn zurück

ordenslandes, empor. Sie entstand Mitte des 14. Jhs. und war der Sitz des Bistums Pomesanien, eines von vier preußischen Bistümern. Teile der Bischofsburg wurden nach der Reformation abgerissen, der Rest, wie die Stadt selbst, 1945 total zerstört. Inzwischen beherbergen die weitgehend rekonstruierten Räumlichkeiten im West- und Nordflügel ein **Heimatmuseum** zu Flora und Fauna der Region sowie auf dem Weg zum wehrhaften Dansker (Toilettenturm) eine volkskundliche Sammlung. Mehr als die altmodisch präsentierten Exponate aus dem bäuerlichen Alltag beeindrucken jedoch die Architektur und die Aussicht über das Flusstal (ul. Katedralna 1, Tel. 055/6 46 37 80, www.zamek.kwidzyn.pl, Mai–Sept. Di bis So 9–17, sonst Di–So bis 15 Uhr, Eintritt 10/5 zł).

Imposant ist der im Stil der Backsteingotik errichtete **Dom** mit den Gräbern dreier Hochmeister des Deutschen Ordens und der Bischöfe in der Krypta. Im Chorbereich ist neben gotischen Fresken die Zelle der hl. Dorothea aus Monteau sehenswert. Die spätere Patronin Preußens ließ sich hier Ende des 14. Jhs. für zwei Jahre als Eremitin einmauern und durch eine Öffnung mit Nahrung versorgen (ul. Targowa 7, Tel. 055/2 79 60 06, www.katedrakwidzyn.pl, tgl. 9–17 Uhr, Krypta: Eintritt 10/8 zł, dt. Führungen: Tomasz Kartz, Mobiltel. 603 45 07 64).

HOTEL

Maxim €

Stilvolles, gemütliches Haus im Zentrum.

- ul. Słowiańska 10 | 82-500 Kwidzyn
  Tel. 055/2 79 63 18
  www.maxim-kwidzyn.pl

Die Zisterzienserkirche von Pelplin

PELPLIN 8 E2

Die dreischiffige rote Backsteinkirche des berühmten **Zisterzienserklosters** 6 (14. Jh.) gilt als kunsthistorisches Juwel. 84 m lang ist die Basilika, deren Fassade von achteckigen Treppentürmen flankiert wird. Besonders schön ist das Nordportal mit figürlicher Dekoration aus Stuck. Der thronende Gottessohn wird von den Passionsinstrumenten umgeben. Innen wird das sehr hohe Mittelschiff von einem kunstvollen Sterngewölbe überspannt. Die darunter liegenden Wände sind zart mit Architektur- und Rankenmotiven bemalt. Von der mittelalterlichen Ausstattung ist nur das Chorgestühl erhalten, die übrigen Stücke sind barock. Ans rechte Querhaus schließt sich der schlichte Kreuzgang an. Die angrenzenden Klostergebäude werden von einem Priesterseminar genutzt.

Das rund 500 m entfernte Diözesanmuseum hütet ausgesprochen wertvolle Schätze: Neben mittelalterlichen Drucken – darunter eine Gutenberg-Bibel – gehören dazu gotische Skulpturen und seltene Schreinmadonnen, eine Sonderform der Andachtsbilder (Muzeum Diecezjalne, ul. Bpa Dominka 11, www.muzeum.diecezja.org, Di–Sa 9 bis 17, So 11–17 Uhr, Eintritt Kathedrale oder Museum 8/6 zł, Kombiticket 12/9 PLN). > mehr S. 16 Punkt 28

MALBORK (MARIENBURG) 9 7 E2

Man kennt den Panoramablick auf das Backsteingemäuer an der Nogat von vielen Postkarten, doch die

Wirklichkeit ist noch viel schöner. Sie stehen vor der mächtigsten Burganlage des europäischen Kontinents, seit 1997 zählt sie zum UNESCO-Weltkulturerbe. In der Abendsonne, wenn die Burgmauern tiefrot leuchten, ist der Anblick besonders schön.

Die Bauarbeiten am Hochschloss begannen 1280. Als der Hochmeister des Deutschen Ordens 1309 seinen Sitz in die Marienburg verlegte, wurde das Hochschloss vergrößert, Mittelschloss und Vorburg errichtet. Als letzter Teil der Anlage kam 1399 der elegante Hochmeisterpalast hinzu. 1410 konnte die Burg gegen Polen und Litauer verteidigt werden. Im Lauf des Dreizehnjährigen Krieges verkauften Söldner des Deutschen Ordens die Marienburg 1457 an Polen; sie avancierte zu einer Residenz der polnischen Könige. 1772 wurde die Burg preußisch, in eine Kaserne umgewandelt und teilweise abgerissen.

Nach 1817 begann der Wiederaufbau der Anlage. Doch erst ab 1882 wurden unter dem Baurat Conrad Steinbrecht die Gemäuer erstmals grundlegend wissenschaftlich erforscht und originalgetreu rekonstruiert. Bei den Kämpfen am Ende des Zweiten Weltkriegs 1945 erlitten die Stadt und die Ostseite der Burg verheerende Schäden. Mit dem Wiederaufbau begann Polen im Jahre 1961. Auf die Rekonstruktion des Inneren der vollständig zerstörten Schlosskirche verzichtete man. Nur das Äußere mit der riesigen Marienfigur an der Apsis wurde wieder hergestellt.

2014 eröffnete das neue Kassengebäude neben dem Südosttor, das nun als Eingang dient. Über die äußeren Anlagen der Vorburg gelangt man zum Tor des Mittelschlosses, wo die eigentliche Besichtigung der Festung beginnt (ul. Starościńska 1, Tel. 055/6 47 09 78, www.zamek.malbork.pl, Mai–Sept. Schlossanlagen tgl. 9–20, Ausstellungen Di–So 9–19, sonst tgl. 10–16 bzw. Di–So 10 bis 15 Uhr, Eintritt mit deutschem Audioguide 39,50/29,50 zł). › mehr S. 17 Punkt 31

Übernachtet man in Malbork, sollte man sich die abendlichen »Licht und Klang«-Vorführungen *(światło i dźwięk)* nicht entgehen lassen. Sie finden im Juni/Juli um 22, Mai–15. Aug. um 21.30, 16.–31. Aug. um 21, 1.–17. Sept. um 20 Uhr statt (Eintritt 22/12 zł). Untermalt von Licht- und Toneffekten wird die Geschichte der Burg präsentiert. › mehr S. 18 Punkt 40

MITTELSCHLOSS

Den großen Hof des Mittelschlosses (Zamek średni) aus der ersten Hälfte des 14. Jhs. begrenzen der Gästeflügel im Osten, der Krankentrakt im Norden und der sogenannte **Große Remter** – eigentlich Speisesaal – im Westflügel. Im **Burgmuseum,** das sich im Ostflügel des Mittelschlosses befindet, ist die Ausstellung über Bernstein interessant › Seitenblick S. 94.

HOCHMEISTERPALAST

An den Großen Remter schließt sich südlich der als riesiger Wohnturm gestaltete Hochmeisterpalast

(Pałac Wielkich Mistrzów) an. Der großartige, 1382 bis 1399 entstandene Bau ist der schönste und besterhaltene Teil der Anlage. Die Fassade zur Nogat hin mit den von Kragsteinen gestützten Erkern, freistehenden Säulen und Zinnen sowie quadratischen Fenstern besticht durch ihre Eleganz. Im Innern begeistern sowohl Winter- als auch Sommerremter mit ihren Palmengewölben.

HOCHSCHLOSS

Durch ein mächtiges Tor gelangt man ins Hochschloss (Zamek Wysoki), das den Konventsbrüdern als Kloster diente. Im ersten und zweiten Geschoss befanden sich daher die wichtigsten Räume des Konventshauses: der **Remter** (Refektorium, Speisesaal), die **Kapelle,** der Kapitelsaal (Versammlungsraum) und das **Dormitorium** (Schlafraum). Im Hauptgeschoss fällt der Blick auf das Kapellenportal, die **Goldene Pforte** (Złota Brama, um 1280), umrahmt von Fabelwesen. Auch die schwer beschädigte **Schlosskirche** kann man besichtigen – mit Resten von Bauplastik und Fresken. Hier sieht man noch deutlich die Spuren des Zweiten Weltkriegs, durch den das einst prächtige Sterngewölbe völlig zerstört wurde.

Der diagonal zu den Mauern verlaufende Arkadengang führt zu dem um 1340 erbauten **Dansker** (Toilettenturm). Der krönende Abschluss eines Besuchs der Marienburg ist die Besteigung des **Hauptturms** neben der Schlosskirche. Der Ausblick auf die Burganlage, die Stadt und den Weichselwerder ist unvergleichlich.

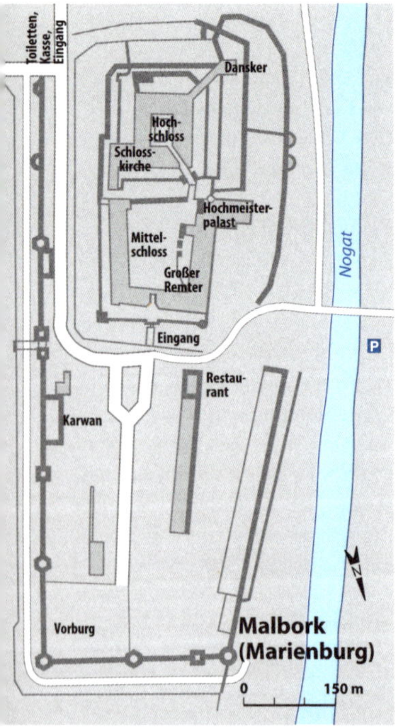

INFO

Malbork Welcome Center

- ul. Tadeusza Kościuszki 54
  82-200 Malbork
  Tel. 055/6 47 47 47
  www.visitmalbork.pl

HOTEL

Stary Malbork €€

Südlich des Zentrums bietet ein Jugendstilhaus freundliche Zimmer und das beste Restaurant am Platz.

- ul. 17 Marca 26-27 | 82-200 Malbork
  Tel. 055/6 47 24 00
  www.hotelstarymalbork.com.pl

Die Marienburg ist der größte Backsteinbau der Welt

RADAUSFLUG INS WERDERGEBIET

Das flache Werdergebiet ist für Radausflüge ideal. Zu den schönsten Routen gehören die von Malbork über Cisy und Piekło nach Biała Gora zu den Nogatschleusen (30 km) und die Tour von Malbork über Kościeleczki, Nowy Staw und Lubieszewo nach Nowa Kościelnica (33 km). Wenn man von Lubieszewo über Nowy Dwór Gdanski, Marzęcino, Wielki Kępiny, Kępki nach Jazowa radelt (32 km; zweimal Fähre), erschließt sich die ganze zauberhafte Landschaft des Werders.

TCZEW (DIRSCHAU)

10 E2

Unbestrittene Hauptattraktion der Stadt (60 000 Einw.) ist die weitgespannte **Weichselbrücke** aus der Mitte des 19. Jhs., eine Meisterleistung der Ingenieurskunst. Die Pfeilertürme entwarf Friedrich August Stüler. Inzwischen dient die Gitterträgerbrücke nur noch dem Eisenbahnverkehr und nicht mehr – wie ursprünglich geplant – auch dem Straßenverkehr. Autos, Fußgänger und Radfahrer müssen die Weichsel heute auf der weiter südlich errichteten Brücke queren.

ERMLAND & OBERLAND

Unter dem gotischen Sternengewölbe der Kathedrale von Frombork wirkte Astronom Kopernikus als Domherr

In der Hansestadt Elbląg nimmt der Oberländische Kanal seinen Ausgang, auf der Frischen Nehrung reiht sich ein Dünenstrand an den nächsten, und im Ermland strahlt heute wieder der Prunk barocker Kirchenräume.

Das Eingangstor zur Region Ermland und Oberland ist **Elbląg,** wo man den **Oberländischen Kanal,** ein einzigartiges technisches Meisterwerk, kennenlernen kann.

Nördlich davon liegt das **Frische Haff** (Zalew Wiślany), das vom Meer durch eine Nehrung abgetrennt ist und nur einen schmalen Durchbruch bei Pillau hat. Bis zur polnisch-russischen Grenze reihen sich dort die Sandstrände aneinander.

Das historische Bistum **Ermland** war einst eine katholische Enklave im ansonsten protestantischen Ostpreußen. So erfreuen sich die Besucher heute am Prunk barocker Kirchenräume, wo wundertätige Bilder Ziel zahlreicher Wallfahrer sind. Der Frauenburger Dom in Frombork und die sehenswerte Bischofsburg in Lidzbark Warmiński sind die architektonischen Höhepunkte der Region.

TOUREN IN DER REGION

TOUR 10

AUF KOPERNIKUS' SPUREN

ROUTE: Elbląg > Kadyny > Frombork > Lidzbark Warmiński > Olsztyn > Morąg > Elbląg

KARTE: Seite 122
LÄNGE: 256 km
PRAKTISCHE HINWEISE:

- Zur Zwischenübernachtung bieten sich Frombork, Lidzbark Warmiński und Olsztyn an.
- Wer nicht nach Elbląg zurückkehren will, der beendet die Reise in Olsztyn und klinkt sich dort in die Tour 15 ein > S. 148.

TOUR-START:

Der Astronom, der das mittelalterliche Weltbild einstürzen ließ, verbrachte den größten Teil seines Lebens im Erm- und Oberland. Hier wirkte Nikolaus Kopernikus als Arzt und Domherr; seine Sternstudien betrieb er als Hobby. Startpunkt der Tour ist **Elbląg** 1 > S. 124, im ausgehenden Mittelalter eine mächtige Handelsstadt. Im Zweiten Weltkrieg in Schutt und Asche gelegt, wurde sie erst spät wieder aufgebaut und vermittelt heute mittelalterliches Ambiente. Nun geht es am Frischen Haff entlang Richtung Nordosten. Legen Sie auf dem Parkplatz kurz hinter dem Dorf Suchacz eine Pause ein und genießen Sie den weiten Ausblick. Über Kadyny und Tolkmicko erreichen Sie **Frombork** 4 > S. 126. Hier hat Kopernikus von 1510 bis 1543 als Verwalter des ermländischen Domkapitels gearbeitet. Doch seine Liebe galt der Astronomie. Durch Beobachtung und Berechnung hatte er herausgefunden, dass die von der Kirche propagierte Lehre, die Erde sei das Zentrum des Universums, falsch ist. Vom Turm in der Südwestecke des Domhügels genießt man einen spektakulären Blick übers Haff, außerdem gibt es ein kleines Planetarium.

Über Braniewo kommt man auf der Straße 507 nach Pieniężno. Hier machte Kopernikus 1518/1519 Station auf seinen Reisen im Dienst des

TOUREN IN ERMLAND & OBERLAND

TOUR 10

AUF KOPERNIKUS' SPUREN

Elbląg > Kadyny > Frombork > Lidzbark Warmiński > Olsztyn > Morąg > Elbląg

TOUR 11

AUF DEM OBERLÄNDISCHEN KANAL

Elbląg > Buczyniec

ermländischen Fürstbischofs. Heute prägen angehende Missionare den Ort.

Weiter geht es nach **Lidzbark Warmiński** 5 › S. 128, wo Kopernikus acht Jahre seinen Onkel, den Fürstbischof Lukas Watzenrode, ärztlich betreute. Die restaurierte Burg vermittelt einen guten Einblick in jene Zeiten.

Über Dobre Miasto gelangt man nach **Olsztyn** 6 › S. 129 mit seiner kaum weniger imposanten Burg. Auch hier übernachtete Kopernikus auf seinen Reisen durch das Bistum, daran erinnert u. a. ein Graffiti zur Himmelsgleiche aus der Hand des Astronomen. Über Morąg kehren Sie wieder nach Elbląg zurück.

TOUR 11

AUF DEM OBERLÄNDISCHEN KANAL

ROUTE: Elbląg › Buczyniec

KARTE: Seite 122
LÄNGE: 4½ Std.
PRAKTISCHE HINWEISE:

- Die Ausflugsschiffe starten in den Sommermonaten Juli/Aug. tgl. und in Mai/Juni, Sept. Sa/So ab Elbląg **Żegluga Ostródzko-Elbląska,** ul. Wodna 1B, Mobiltel. 896 70 92 27 www.zegluga.com.pl
- Von Buczyniec fahren Shuttlebusse nach Elbląg zurück.

Auf dem Oberländischen Kanal

- In Buczyniec bleibt Zeit, das kleine Museum über Geschichte und Bau des Kanals zu besichtigen.

TOUR-START:

Die Hauptattraktion von **Elbląg** 1 › S. 124 ist eine Schifffahrt auf dem Oberländischen Kanal (Kanał Elbląski), der über 82 km bis nach **Ostróda** 9 › S. 132 führt. Die gesamte Strecke wird nicht mehr als Ausflug angeboten. Die Tour bis Buczyniec beinhaltet aber die Höhepunkte: die fünf Rollberge, mit denen ein Höhenunterschied von 99 m auf 10 km überwunden wird. Die Schiffe werden auf Schienen und einer Art Schlitten per Wasserkraft über die Hügel gezogen, eine technische Meisterleistung aus der Mitte des 19. Jhs. Wer keinen Schiffsausflug unternehmen möchte, der sollte sich zumindest eine der Rampen ansehen, z. B. die von Buczyniec (rund 5 km westlich von Morzewo).

UNTERWEGS IN DER REGION

ELBLĄG (ELBING) 1 F2

Das bedeutende Industrie- und Verwaltungszentrum (122 000 Einw.) liegt etwa eine Autostunde von Danzig entfernt. Bekannt wurde die Region schon durch die Reisebeschreibungen des Wikingers Wulfstan, der 890 von Haithabu in das sagenumwobene, märchenhaft reiche Truso segelte. Dieses Truso soll ganz in der Nähe von Elbing am Drausensee (Jezioro Drużno) gelegen haben. Gegründet wurde Elbing 1237 durch einige Lübecker Bürger und Hermann Balk, den Landmeister des Deutschen Ordens. 1246 erteilte Hochmeister Heinrich von Hohenlohe Elbing lübisches Stadtrecht. Der Aufstand der Städte im Deutschordensland, die sich 1440 zum preußischen Bund zusammengeschlossen hatten, führte zum Dreizehnjährigen Krieg (1454 bis 1466). Auch die Hansestadt Elbing lehnte sich auf; beim Sturm wurde die Ordensburg zerstört. 1457 erkannten die Elbinger die polnische Lehnshoheit an und wurden autonome Stadtrepublik. 1772 wurde Elbing preußisch. 1945 lag die Altstadt in Trümmern, wurde inzwischen aber hübsch restauriert und zieht viele Besucher an, die von hier aus eine Schifffahrt auf dem **Kanał Elbląski** 8 (Oberländischer Kanal) unternehmen › S. 123 oder die gelassene Atmosphäre am Wasser und in der Stadt genießen.

NIKOLAIKIRCHE

Den Mittelpunkt der Altstadt markiert die gotische Nikolaikirche (Kościół św. Mikołaja), eine siebenjochige, rechteckige Hallenkirche mit einem 95 m hohen Turm, deren Ursprung auf das 13. Jh. zurückgeht. Im Innern der Kirche, die sich einst im Zentrum der Stadt befand, sind einige spätgotische Altäre zu sehen, die aus anderen zerstörten Elbinger Kirchen stammen, sowie das kunstvolle **Taufbecken** von Meister Bernhuser (14. Jh.).

Die nördlich gelegene **Marienkirche** wird heute als Ausstellungsraum für moderne Kunst genutzt.

INFO

Touristeninformation

- Stary Rynek 25 | 82-300 Elbląg
  Tel. 055/2 39 33 77
  www.turystyka.elblag.eu

HOTEL

Atrium Hotel €€€

Ein familiäres Hotel mit gemütlichen Zimmern und tollem Frühstück gleich an der Nikolaikirche.

- ul. Mostowa 13 | 82-300 Elbląg
  Tel. 055/2 33 33 66
  www.atriumhotel.pl

RESTAURANT

Specjal Pub €€

- Brauereigaststätte in einem alten Brückenwärterhäuschen an der Fußgänger vorbehaltenen Klappbrücke über den Fluss, mit herrlichen Außenplätzen, teils mit Liegestühlen am Ufer.

POLENS BESTE STRÄNDE

Kilometerlange weiße Sandstrände säumen Polens Küste, wie hier bei Łeba

Naturerlebnis und Dünenwanderung, Seebad oder Partyhochburg: Von Polens Strandschönheiten hat jede ihren eigenen Charme. Hier sind die sieben besten.

- **Das klassische Seebad:** In **Świnoujście** findet man feine Bäderarchitektur, einen breiten Sandstrand und eine Promenade zum Flanieren > S. 58.
- **Der Fitness-Strand:** Zum Sonnenbaden allein ist der Strand von **Międzyzdroje** viel zu schade. Er lockt zu langen Strandwanderungen am Fuß dramatischer Steilklippen > S. 60.
- **Die Partyhochburg:** In **Sopot** steppt im August der Bär: Beiderseits der Mole sammeln sich abends die Klubgänger zum »Vorglühen«. Erst am Morgen ist die Party vorbei > S. 97.
- **Das Kitesurf-Dorado:** Über die Halbinsel **Hel** weht ein scharfer Wind, vor allem zwischen Chałupy und Jastarnia, sodass der Küstenabschnitt zum Hotspot der Kitesurfer avancierte > S. 76.
- **Das Naturwunder:** Erst kommt Meer, dann hohe Dünen und dahinter noch mal Wasser! Der **Słowiński-Nationalpark** bietet Wasser und Sand pur > S. 73.
- **Das Strandkorbidyll:** Ein Grüngürtel trennt **Kołobrzeg** vom weißen Strand. Gibt es einen besseren Ort zum Lesen als einen Strandkorb und Sonne? > S. 68.
- **Das Refugium:** Zwischen Haff und Meer findet man im Schutz hoher Dünen bei **Krynica Morska** nahe der Grenze zu Russland noch Einsamkeit am Sandstrand > S. 126.

• ul. Wybrzeże Gdańskie 15 | 82-300 Elbląg
Mobiltel. 533 34 15 15
www.podaniolami.com.pl

DIE FRISCHE NEHRUNG

Strand, Dünen und seltene Wasservögel: Der 70 km lange, aber teils nur 500 m schmale Landstreifen der Frischen Nehrung trennt das Frische Haff (Zalew Wislany) von der Ostsee. Er gehört teils zu Polen, teils zur russischen Exklave Kaliningrad. Zum offenen Meer hin breiten sich Sandstrände mit Dünen aus.

SZTUTOWO (STUTTHOF) 2 E2

In Sztutowo erinnert das ehemalige Konzentrationslager an das düsterste Kapitel deutsch-polnischer Geschichte. Seit 1939 wurde bei Stutthof die polnische Führungselite aus Danzig und Westpreußen interniert. Viele wurden von den Nazis hingerichtet, etliche starben unter menschenunwürdigen Haftbedingungen. Im Juni 1944 errichtete man in Stutthof Gaskammern, in denen auch griechische und ungarische Juden – wegen der Überfüllung von Auschwitz, wie es hieß – ermordet wurden. Die Angaben zu den Opfern schwanken zwischen 65 000 und 85 000 Toten, weit über die Hälfte war jüdischer Abstammung. Das in einigen Baracken eingerichtete Museum lässt jeden Besucher erschauern, zumal der Gegensatz zwischen den Gaskammern und den sorglosen Urlaubern am nahen Strand krasser nicht sein könnte (ul. Muzealna 6, www.stutthof.org, Mai–Sept. tgl. 8 bis 18, Okt.–April 8–15 Uhr).

KRYNICA MORSKA (KAHLBERG)

3 F2

In Krynica Morska lebt man nur in der Gegenwart: Tausende von Urlaubern bevölkern den Strand, baden oder suchen nach Bernstein und Muscheln, schlendern am Fischerhafen entlang oder starten zu einem Schiffsausflug nach Frombork. Im Schilf auf der Südseite der Nehrung nisten seltene Wasservögel.

FROMBORK (FRAUENBURG) 4 F2

Von einem befestigten Hügel grüßt der **Dom** 9 des Städtchens (2500 Einw.). Hier verbrachte der Astronom Nikolaus Kopernikus › S. 128 seine Jahre als Domkanoniker, und hier beobachtete und erforschte er den Sternenhimmel. 1735 errichtete man Kopernikus beim Nordostpfeiler des Doms ein Epitaph; wo er tatsächlich begraben liegt, ist nicht bekannt.

Der beeindruckende Backsteinbau aus dem 14. Jh. gleicht keiner anderen Backsteinkirche der Gegend. Einmalig ist seine gotische Westfassade, ein Dreiecksgiebel mit aufgesetzter Arkadengalerie, flankiert von zwei schlanken Türmchen. Das Innere bestimmt der Barock: Außer dem Triptychon (an der Nordwand; 1504), dessen Seitenflügel nach Vorlagen Dürers und Schongauers bemalt sind, wurden alle anderen Altäre ab 1626 errichtet, nachdem die schwedische Soldateska unter Gustav Adolf den Dom geplündert hatte.

Ein Blickfang ist die klangvolle, kostbare Orgel (1683/84), ein Werk des Danzigers Daniel Nitrowski. Die Hauptorgel wird durch eine kleinere im Chorraum ergänzt, sodass die Musik von mehreren Seiten ertönt (tgl. 9–17 Uhr; in der Saison gibt es häufig Vorführungen, manchmal finden Konzerte statt, ein Programm erhält man an der Museumskasse im Torgebäude).
> mehr S. 18 Punkt 41

Den gesamten Domhügel umgibt eine **Wehranlage.** In der Südwestecke erhebt sich der Radziejowski-Turm (Wieża Radziejowskiego), eigentlich ein barocker Glockenturm, der über einer Bastei (heute Planetarium) errichtet wurde. Von hier hat man einen einzigartigen Blick auf die Stadt, das Haff und die Nehrung (www.frombork.art.pl, Di–So 9–16, Dom bis 17 Uhr, Eintritt Turm 8/4 zł).

INFO

Touristeninformation

- ul. Młynarska 5 A | 14-530 Frombork
  Tel. 055/2 44 06 77 | www.frombork.pl

HOTEL

Kopernik €

Verkehrsgünstig gelegen unterhalb des Domhügels, 32 Zimmer, mit Ausflugsprogramm.

- ul. Kościelna 2 | 14-530 Frombork
  Tel. 055/2 43 72 85
  www.hotelkopernik.com.pl

Der Dom von Frombork, Wirkungs- und Grabstätte von Kopernikus

LIDZBARK WARMIŃSKI (HEILSBERG) 5 G2

In diesem Städtchen (16 000 Einw.) residierten von 1350 bis 1772 die Bischöfe des Ermlands. Auch hier stößt man auf die Spur von Kopernikus: Er war von 1503 bis 1510 Sekretär und Hofarzt seines Onkels, des Bischofs Lukas von Watzenrode. Der letzte Bischof des autonomen Ermlands, Ignacy Krasicki, war einer der wichtigsten polnischen Aufklärer und Kirchenkritiker. 1772 marschierte Friedrich der Große im Ermland ein und übernahm die Herrschaft.

Die Hauptsehenswürdigkeit des Ortes ist die **Bischofsburg** (1350 bis 1401), neben der Marienburg › S. 117 die besterhaltene Wehranlage im früheren Deutschordensstaat. Sie beherbergt heute neben einem Museum das Hotel Krasicki. Aus dem 14. Jh. stammen noch der gut erhaltene zweigeschossige Arkadengang um den Hof, die Innenräume mit ihren Gewölben und ihrer Bemalung. Den Gast verdutzt ein Detail in der ehemaligen Burgkapelle: Von den Schnittpunkten der gotischen Rippen lächeln barocke Putten den Besucher an – ein Ergebnis des Umbaus im 18. Jh.

NIKOLAUS KOPERNIKUS

Das Licht der Welt erblickte Nikolaus Kopernikus, oder Mikołaj Kopernik, wie er auf Polnisch heißt, 1473 in der Hansestadt Toruń. Kopernikus studierte Astronomie in Krakau und ging später nach Italien, wo er seine Ausbildung in Ferrara, Padua und Bologna abschloss. Zurück im Norden, wurde er Domkanoniker und Sekretär seines Onkels, des ermländischen Bischofs Lukas von Watzenrode, und lebte abwechselnd in Lidzbark Warmiński (Heilsberg), Olsztyn (Allenstein) und Frombork (Frauenburg). Hier verbrachte er die letzten Jahre seines Lebens. Der Überlieferung zufolge überreichte man ihm auf dem Sterbebett (1543) das erste gedruckte Exemplar seines Hauptwerks »De revolutionibus orbium coelestium«. Damit wurde die mit der Bibel konforme Vorstellung von der Erde als Zentrum des Universums (Ptolemäisches Weltbild) mit einem Schlag infrage gestellt. Nach Kopernikus' Forschungen bildet die Sonne den Mittelpunkt, um den die Erde und andere Planeten kreisen. Diese Abkehr von der Vorstellung einer – wörtlich und im übertragenen Sinne verstandenen – zentralen Lage der Erde war für die Kirche inakzeptabel. Bereits kurz nach Kopernikus' Tod erklärten Luther und Calvin dessen Lehre zu Häresie. Die katholische Kirche zögerte bis 1616, das revolutionäre Werk auf den Index der verbotenen Bücher zu setzen, ging aber bereits zuvor gegen Forscher wie Giordano Bruno und Galileo Galilei, die die Theorie des Thorner Astronomen weiterentwickelten, mit äußerster Härte vor. Erst 1828 wurde »De revolutionibus orbium coelestium« wieder legalisiert, Galileo musste gar bis spät ins 20. Jh. hinein auf seine Rehabilitierung warten.

Das Hohe Tor zählt zu den wichtigsten Sehenswürdigkeiten von Lidzbark Warmiński

Der schönste Raum ist der Große Remter (Speisesaal). Er ist mit gotischen Fresken ausgemalt, nur der Fries mit den Wappen der Bischöfe kam später hinzu und wird stets um das Bild des jeweiligen Amtsinhabers ergänzt. Das Museum Warmińskie (Ermländisches Museum) zeigt eine Sammlung zur Regionalgeschichte mit mittelalterlichen Skulpturen, moderner polnischer Malerei und Ikonen (www.muzeum.olsztyn.pl, Juli/Aug Di–So 10–18, Mai/Juni, Sept. Di–Sa 9–17, So 10 bis 18, Okt.–April Di–Sa 10–16, So 10 bis 18 Uhr, Eintritt 12/8 zł).

HOTEL

Krasicki €€€
Stimmungsvolles Luxushotel in der Deutschordensburg mit Spa- und Wellnessbereich sowie Restaurant.

- Pl. Zamkowy 1 | 11-100 Lidzbark Warmiński
  Tel. 089/5 37 17 00
  www.hotelkrasicki.pl

OLSZTYN (ALLENSTEIN)

6 G2

Das Industrie- und Kulturzentrum (176 000 Einw.) ist neben Białystok die größte Stadt im Nordosten Polens. Der Tourismus, die Wirtschaftskontakte mit dem Kaliningrader Gebiet sowie die 1999 gegründete Universität bringen Leben in die Stadt. Die endlosen Betonblöcke der Trabantenstädte, der Schlafstädte der Allensteiner, wirken wenig einladend. Die Altstadt jedoch ist hübsch und voller Atmosphäre. Und nicht zuletzt ist es die an Seen reiche, reizvolle Umgebung, die Allenstein zu einer von Urlaubern viel besuchten Stadt macht.

DIE ALTSTADT

Die weitgehend autofreie Altstadt liegt südlich vom modernen Stadtzentrum, durch den Überrest der Stadtbefestigung, das **Hohe Tor** (Wysoka Brama), von ihm getrennt. In die zweigeschossigen Häuser sind Bars, Restaurants und Geschäfte eingezogen, die die Altstadt zum beliebten Treffpunkt und zur richtigen Flaniermeile machen.

Der markante Turm mit Gesimsbändern aus glasierten Backsteinen in der Nähe des Marktes gehört zur **Jakobikirche.** Die inzwischen zur Kathedrale (Katedra św. Jakuba) erhobene einstige Pfarrkirche besitzt ein herrliches Netzgewölbe und zwei wertvolle spätgotische Altäre. Am anderen Ende der Altstadt, auf der ehemaligen Flussinsel der Łyna (Alle) im Nordwesten, erhebt sich die **Burg** des Domkapitels aus dem 14. Jh. Heute beherbergt sie das **Museum vom Ermland und Masuren** (Muzeum Warmii i Mazur, ul. Zamkowa 2, www.muzeum.olsztyn.pl, Juli/Aug. Di–So 10–18, Mai/Juni, Sept. Di–Sa 9–17, So 10–18, Okt. bis April Di–Sa 10–16, So 10–18 Uhr, Eintritt 12/8 zł). Stolz zeigt man Schriftzeichen und Zahlen an einer Wand, die Kopernikus zugeschrieben werden. Im Burghof wurden »Baben«, prußische Steinfiguren, aufgestellt – eines der wenigen Zeugnisse dieses Volkes.

INFO

- pl. Jana Pawla II 1 | 10-027 Olsztyn
  Tel. 089/5 21 03 98 | www.visit.olsztyn.eu

HOTELS

Omega €€

Unspektakulärer, moderner Hotelbau in grandioser Lage am Krzywymsee.

- ul. Sielska 4 a | 10-802 Olsztyn
  Tel. 089/5 22 05 00 | www.omegahotel.pl

Villa Pallas €€

Stilvolle, zum Hotel umgebaute Gründerzeitvilla mit großbürgerlichem Ambiente, klein aber fein mit 32 Zimmern.

EREIGNISREICHE GESCHICHTE

Die Stadtgeschichte Allensteins entbehrt nicht der Dramatik. Der Deutsche Orden gründete 1353 die Stadt, später hatten die ermländischen Domherren das Sagen. Die dem polnischen Adel entstammenden Bischöfe holten polnische Siedler ins Land, die den Großteil der Dorfbevölkerung ausmachten, während die Städte weitgehend deutsch waren. 1920 votierten in einer Volksabstimmung nur 2 % der Bevölkerung Allensteins und 13 % der Umgebung für den Anschluss an Polen – Ermland blieb bis 1945 deutsch. Die Nationalsozialisten terrorisierten die polnische Minderheit in der Garnisonsstadt. Nach dem Einmarsch der Roten Armee wurde Allenstein zerstört; die Bevölkerung war bereits geflohen oder wurde vertrieben. Aus dem Osten vertriebene Polen bauten Olsztyn wieder auf.

Von der Olsztyner Burg hat man einen schönen Blick auf die Häuser der Altstadt

- ul. Żołnierska 4 | 10-557 Olsztyn
  Tel. 089/5 35 01 15
  www.villapallas.pl

RESTAURANTS

Nowoczesna €€

Erstklassige polnische Küche, hervorragend leicht interpretiert, Spezialität ist Hähnchen mit Kastanienmousse an Moosbeerensoße.

- ul. Kołobrzeska 1 (im Hotel Warmiński)
  10-445 Olsztyn | Tel. 089/5 22 15 60

Staromiejska €

Altstadtcafé mit Anklängen eines Wiener Kaffeehauses, oft Livemusik. Spezialität: *Naleśniki Gundel*, ein süßer Eierpfannkuchen-Traum.

- Stare Miasto 4/6 | 10-027 Olsztyn
  Tel. 089/5 27 58 83
  www.staromiejska.olsztyn.pl

OLSZTYNEK (HOHENSTEIN) 7 10 F3

Die Attraktion im verschlafenen Städtchen Olsztynek (6500 Einw.) ist das 60 ha große **Freilichtmuseum**. Hier sind rund 40 originalgetreu aufgebaute Bauernhäuser aus Masuren, dem Ermland und dem Memelland zu sehen, viele in der traditionellen Holzbauweise der Region und teils mit bäuerlichem Gerät ausgestattet. Neben den Wasser- und Windmühlen ist die Kopie einer Kirche von Rychnowo (Reichenau) mit einem Deckenbild von Adam und Eva hervorzuheben (www.muzeumolsztynek.pl, Juli/Aug. tgl. 10–18, Mai/Juni, Sept. tgl. 9–17, 15.–30. April, Okt. Di–So 9–16 Uhr, Eintritt 14/8 zł).

GRUNWALD (GRÜNFELD)

8 F3

Die Umgebung ist geschichtsträchtig: 1914 schlug hier der spätere Marschall Hindenburg die zaristisch-russische Narew-Armee. Das große Denkmal für die sogenannte zweite Schlacht von Tannenberg mit dem Grabmal Hindenburgs wurde beim Abzug der deutschen Truppen im Jahre 1945 gesprengt.

Die Polen erinnern sich lieber an die erste Schlacht von Tannenberg in **Grunwald** (20 km westlich von Olsztynek) 1410, in der Polen und Litauer die Deutschordensritter vernichtend schlugen. Jedes Jahr im Juli wird die Schlacht, die in Polen als Schlacht bei Grunwald bekannt ist, von Hobbyrittern nachgespielt. Ein Denkmal sowie ein Museum sind das Ziel zahlloser polnischer Touristen (Muzeum Bitwy Grunwaldzkiej, Stębark 1, 14-107 Gierzwałd, Tel. 089/6 47 22 15, www.muzeumgrunwald.pl, Mitte Mai–Mitte Okt. tgl. 9.30–18.30 Uhr).

OSTRÓDA (OSTERODE)

9 F3

Die Endstation des Oberländischen Kanals liegt sehr hübsch am Drewenzsee (33 000 Einw.). Am See kann man Kanus, Paddelboote, Tretboote und Segelboote mieten. Herrliche Ausflüge entlang des Kanał Elbląski (Oberländischer Kanal) nach Elbląg › S. 124 bieten sich an. Einzige Sehenswürdigkeit der Stadt selbst ist die stattliche Deutschordensburg. 1945 ausgebrannt, wurde sie in den vergangenen Jahren wieder aufgebaut und gibt heute Kunstausstellungen einen würdigen Rahmen.

Info

Touristeninformation

- pl. 1000-lecia Państwa Polskiego 1 A
  14-100 Ostróda
  Tel. 089/6 42 30 00
  www.mazury-zachodnie.pl

HOTELS

Dr. Irena Eris Wzgórza Dylewskie €€€
Wunderschönes Wellnesshotel des Kosmetikunternehmens Dr. Irena Eris. Angeboten werden u. a. Gesichts- und Körperpflege vom Feinsten sowie entspannende Massagen. Tolle Pool- und Saunalandschaft, Reitangebote und viel Natur. › **mehr S. 17 Punkt 35**

- Wysoka Wieś 22
  14-100 Ostróda
  Tel. 089/6 47 11 11
  www.drirenaerisspa.pl

Sajmino €
Am Stadtrand im Grünen gelegenes Hotel mit Restaurant.

- ul. Michała Kajki 6
  14-100 Ostróda
  Tel. 089/6 46 71 24
  www.sajmino.pl

RESTAURANT

La Luna €€
Restaurant am See mit Grill- und Fischspezialitäten.

- ul. Mickiewicza 13 B
  14-100 Ostróda
  Tel. 089/6 46 89 08

Auf dem Oberländischen Kanal werden Schiffe auf Schienen über Grasberge gezogen

IŁAWA (DEUTSCH-EYLAU) 10 F3

Das Städtchen (32 000 Einw.) zwischen Ostróda und Kwidzyn, touristisches Zentrum der herrlichen Oberländischen Seenplatte (Pojezierze Iławskie), liegt am Südende des größten aller Oberländer Seen, am lang gezogenen Geserichsee (Jezioro Jeziorak). Rings um den Ort erstrecken sich nur weite Wälder und sanft gewellte Hügel. Wenn das Wetter es zulässt, strömen Jung und Alt von Campingplätzen und aus den Hotels herbei und drängen sich an den Stränden und Liegewiesen rund um den See.

INFO

Touristeninformation

- ul. Niepodległości 13 | 14-200 Iława
  Tel. 089/6 48 58 00 | www.ilawa.pl

HOTEL

Port 110 €€

Helle Zimmer direkt am See. Mit Restaurant, Terrasse am Wasser und Marina.

- ul. Konstytucji 3 Maja 7 | 14-200 Iława
  Tel. 089/648 20 50
  www.port110.pl

FESTIVAL

Mitte Aug. Festival des traditionellen Jazz, Złota Tarka (»Goldenes Waschbrett«, www.zlotatarka.pl).

AUSFLUG ZU SCHLÖSSERN UND BURGEN

Für Abwechslung sorgt eine Entdeckungsreise ins Mittelalter. Eine erste Burg erwartet Sie knapp 10 km nordwestlich von Iława in **Szymbark** (Schönberg) 11 F3. Im Unterschied zu den meisten Befestigungsanlagen des Deutschen Ordens besaß diese Domkapitelburg aus dem 14. Jh. einen großen Hof (70 × 90 m), den eine rechteckige Wehrmauer mit mehreren Türmen und nur ein ausgebauter Wohnflügel umgaben. 1945 erlitt sie starke Zerstörungen; die Restaurierung musste wegen finanzieller Engpässe vor einiger Zeit unterbrochen werden. Gelegentlich dient die Burg als Filmkulisse, so für Volker Schlöndorffs »Erlkönig«. Die Idee, die ost- und westpreußischen Burgen und Schlösser für den Film zu nutzen, ist übrigens nicht neu: Bereits vor dem Zweiten Weltkrieg stolzierte Greta Garbo als Gräfin Walewska, gefolgt von ihrem Hollywood-Team, durch das nahe Schloss in **Kamieniec** (Finckenstein) 12 F2, 6 km nördlich von Susz. Im Schloss der Familie Finckenstein hatte sich Napoleon mit seiner Geliebten, der Gräfin Walewska, im Winter 1807 einquartiert. 1945 vollständig ausgebrannt, verfällt das einst schönste Barockschloss der Region heute zusehends.

Die Burg in Szymbark ist auch als Ruine beeindruckend

MASUREN

Ob Seen, Wälder oder Weiden – in Masuren ist alles weit und ruhig

Das »Land der dunklen Wälder und kristallnen Seen«. Hier nistet in jedem Dorf noch mindestens ein Storchenpaar. Kommen Sie mit auf eine Rad- und Wandertour oder paddeln Sie auf Seen und Flüssen durch herrliche Natur.

Die endlose Weite hügeliger Felder, sanft durchschnitten von uralten Eichenalleen, darin eingebettet kleine Dörfer, rote Backsteinhäuschen mit Storchennest auf dem Dach und aufgeregt schnatternde weiße Gänse: Masuren ist eine Landschaft wie aus dem Bilderbuch.

Vor allem aber sind es die wunderbaren Seen, die den Reiz Masurens ausmachen. Sind es 2000, 3000? Keiner hat sie genau gezählt. Am größten, dem Jezioro Śniardwy (Spirdingsee) kann man kaum von einem Ufer zum anderen schauen. Andere Seen sind dagegen so klein, dass sie aus der Ferne aussehen wie Perlen, die jemand in eine grüne Wiese geworfen hat.

Die drei großen Zentren Masurens – **Mrągowo** (Sensburg), **Giżycko** (Lötzen) und **Mikołajki** (Nikolaiken) – sind nicht mehr ganz so ruhig und beschaulich, bieten dafür aber eine große Auswahl an Hotels Restaurants.

Doch wofür man sich auch entscheidet, ist fast egal. Der Zauber Masurens liegt ohnehin im Verborgenen: Er wird spürbar in den Wäldern, »in denen der liebe Gott spazieren geht«, wie es Ernst Wiechert ausdrückte, und er lebt an den einsamen Seen und in den »zärtlichen Dörfchen, zwischen Torfmooren und sandiger Öde«, die gestern wie heute im »Rücken der Geschichte« liegen (Siegfried Lenz).

TOUREN IN DER REGION

TOUR 12

RINGS UM DIE GROSSEN SEEN

ROUTE: Giżycko > Węgorzewo > Sztynort > Giżycko > Ruciane-Nida > Mikołajki > Giżycko

KARTE: Seite 137
LÄNGE: 204 km
PRAKTISCHE HINWEISE:

- Die Tour lässt sich per Auto oder Rad unternehmen. Sie führt überwiegend über wenig befahrene Straßen.
- Um die Landschaft zu genießen, sollten Autofahrer zwei, Radfahrer vier Tage einplanen.

- Wer kein Rad dabeihat, kann sich in Giżycko z. B. im Hotel Europa eines leihen.
- Bei der Touristeninfo von Giżycko liegt Infomaterial über die markierte Strecke aus.
- Hotels finden Sie in Giżycko, Węgorzewo, Pisz, Ruciane-Nida und Mikołajki. In jedem Dorf gibt es kleine und einfache Quartiere.

TOUR-START:

Im Herzen von Masuren liegen mehrere Seen, die so groß sind, dass sie als Meere bezeichnet werden. Per Auto oder Rad kann man sie umrunden und dabei großartige Landschaftseindrücke in sich aufnehmen. Die folgende, eine Acht beschreibende Tour beginnt im Städtchen **Giżycko** 4 > S. 141, dem Dreh- und Angelpunkt des nördlichen Masuren.

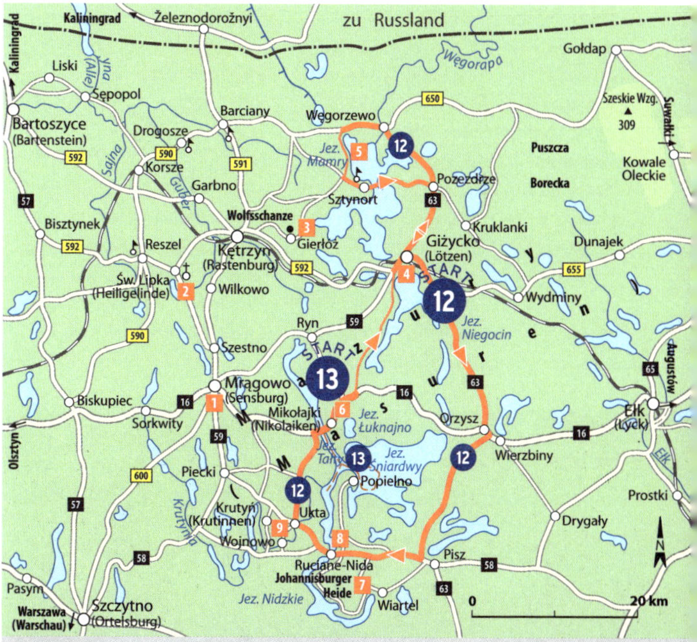

TOUREN IN MASUREN

TOUR 12

RINGS UM DIE GROSSEN SEEN

Giżycko > Węgorzewo > Sztynort > Giżycko > Ruciane-Nida > Mikołajki > Giżycko

TOUR 13

AUF DEN »MASURISCHEN MEEREN«

Mikołajki > Jezioro Śniardwy

Über Pozedrze geht es am Ostufer des Jezioro Dargin (Dargeinensee) entlang ins verschlafene Węgorzewo. Dann führt die Route am Westufer des Jezioro Mamry (Mauersee) entlang. Lohnenswert ist ein Abstecher nach Sztynort › S. 143, wo auf einer Landbrücke zwischen den beiden Seen das verfallene Schloss der Familie Lehndorff thront.

Wieder in Giżycko, hält man sich diesmal südwärts und fährt über Orzysz nach Pisz am Rand der Johannisburger Heide. Hier schwenkt man westwärts ein und folgt der Straße 58 ins Wassersportzentrum **Ruciane-Nida** 8 › S. 144.

Reizvoll ist auch die folgende Etappe auf der Straße 609, die durch den Masurischen Landschaftspark (Landschaftsschutzgebiet) bis nach **Mikołajki** 6 › S. 143 führt.

Dann geht es nach Norden zum Jezioro Łuknajno, einem UNESCO-Biosphärenreservat für Höckerschwäne. Hinter Woźnice biegt man in die Straße 643 ein, die einen dicht am Ufer des Jezioro Niegocin (Löwentinsee), des siebtgrößten Sees in Polen, nach Giżycko zurückbringt.

TOUR 13

AUF DEN »MASURISCHEN MEEREN«

ROUTE: Mikołajki › Jez. Śniardwy

KARTE: Seite 137
DAUER: 2 Std.
PRAKTISCHE HINWEISE:

- Ausflugsschiffe starten von Mitte Juni bis Mitte Sept. tgl. ab 9 Uhr am Stadthafen von Mikołajki.
- Reederei: **Żegluga Mazurska,** Port Mikołajki, pl. Wolności 15, Tel. 087/4 21 61 02, www.zegluga mazurska.com.pl.

Fronleichnamsprozession in Mikołajki

TOUR-START:

Haben Sie die »masurischen Meere« vom Ufer aus gesehen, so verspüren Sie bestimmt Lust, sie auf dem Wasser zu erleben. Bester Startpunkt ist **Mikołajki** 6 > S. 143, wo die Weiße Flotte Touren anbietet.

Besonders empfehlenswert ist die Südtour entlang der malerischen Ufer des schmalen Jezioro Bełdany (Beldahnsee). Das Schiff dreht eine Schleife auf dem Jezioro Śniardwy (Spirdingsee) und durchquert eine 1899 erbaute Schleuse.

Außerdem werden Schiffstouren ins nördlich gelegene Ryn bzw. ins Städtchen **Ruciane-Nida** 8 > S. 144 angeboten.

VERKEHRSMITTEL

Mit dem eigenen Auto bzw. Fahrrad ist man in Masuren am mobilsten. Die Zugverbindungen sind mangelhaft, und auch mit dem Bus gelangt man nicht überall hin.

UNTERWEGS IN MASUREN

MRĄGOWO (SENSBURG)

1 G2

Das Städtchen (22 000 Einw.) am See Czos westlich der **Großen Masurischen Seenplatte** blieb als eines von wenigen 1945 verschont und präsentiert sich heute als hübscher, fahrradfreundlicher Urlaubsort. Neben dem Markt und den Straßen aus dem 19. Jh. lädt die Seepromenade zu einem Bummel ein.

Nicht nur während des Countryfestivals Piknik Ende Juli kann man hier Westernluft atmen. In **Mrongoville,** dem Nachbau einer typischen Westernstadt des 19. Jhs. am Ortsrand Richtung Giżycko, findet man u. a. Saloon, Bahnstation, Marterpfahl und Tipis. Pferde, Cowboys und Indianer sowie Can-Can-Tänzerinnen beleben die Szenerie (ul. Mlynowa 50, Tel. 089/7 43 33 50, www.mrongoville.pl, Juli–Sept. tgl. 11–21 Uhr, Eintritt 15/8 zł).

INFO

- ul. Warszawska 26 | 11-700 Mrągowo
  Tel. 089/7 41 80 39 | www.it.mragowo.pl

HOTEL

Hotel Mazuria €€

Herrliche Hotelanlage auf einem Waldgrundstück direkt am See.

- ul. Jaszczurcza Góra 28
  11-700 Mrągowo | Tel. 089/7 41 29 75
  www.hotelmazuria.pl

RESTAURANT

Chata Mazurska €€

In der »masurischen Hütte« gibt es gegrillten Fisch, z. B. Aal, Zander und Hecht.

- ul. Roosevelta 1
  11-700 Mrągowo
  Tel. 089/7 41 28 59
  www.chatamazurska.com

FESTIVAL

Alljährlich am letzten Juliwochenende findet im Amphitheater am See das Festival Piknik Country mit internationalen Stars statt.

ŚWIĘTA LIPKA (HEILIGELINDE) 2 G2

Zwischen Mrągowo und Kętrzyn (nach 8 km links abbiegen) liegt die Wallfahrtskirche Heiligelinde. Der Legende zufolge erschien im Mittelalter einem zum Tode Verurteilten die Muttergottes und befahl ihm, ihr Ebenbild zu schnitzen. Man führte die Skulptur dem Richter vor, woraufhin dieser den Gefangenen freiließ. Auf dem Heimweg hängte der Glückliche die Skulptur an eine Linde, die Wunderkräfte entfaltete und zum Wallfahrtsort wurde.

Der Bau, den man heute in Święta Lipka sieht, ist bereits die dritte Kirche an dieser Stelle (1687 bis 1693). Die üppige, südländisch anmutende Barockarchitektur passt irgendwie nicht so recht in diese Gegend; ihr Schöpfer Georg Ertly war gebürtiger Tiroler. Die rote Fassade ist mit Säulen und Skulpturen plastisch gegliedert und zeigt eine Darstellung Marias am Lindenbaum.

Zum barocken Spektakel des Innenraumes gehören die illusionistischen Fresken (1722–1727) von Matthias Johann Meyer aus Heilsberg mit vorgetäuschten Marmorsäulen und einer gemalten Kuppel sowie die Orgel mit dem reich verzierten Prospekt. Das Instrument ist nicht nur für das Ohr ein Erlebnis, sondern auch für das Auge. Wenn die Ogiński-Polonaise erklingt, sollten Sie den Figurenschmuck über den Orgelpfeifen nicht aus den Augen lassen. > mehr S. 17 Punkt 29

Zu Mariä Himmelfahrt am 15. August kommen Pilger von weither: Die religiöse Prozession ist der Auftakt zu einem großen Fest (Orgelvorführungen: Mai–Sept. Mo bis Sa stdl. 9.30–11.30, 13.30–17.30, So 10, 12, 13.30, 15.30, 16.30, April, Okt. Mo–Sa 10, 12, 14, So 10, 12, 13,

Der barocke Innenraum von Święta Lipka

15, Nov.–März Sa 10, 14, So 10, 12, 15 Uhr, Św. Lipka 29, 11-440 Reszel, Tel. 089/7 55 14 81, www.swlipka.pl).

WOLFSSCHANZE 3 H2

Mitten im dichten Wald, 7 km von Kętrzyn (Rastenburg), ließ sich Adolf Hitler 1940 sein Hauptquartier, die berüchtigte **Wolfsschanze** (Wilczy Szaniec) errichten. Die Anlage umfasste mehrere Betonbunker, zwischen den 5 m dicken Wänden von Bunker Nr. 13 lebte Hitler fast drei Jahre lang. Das Attentat vom 20. Juli 1944 überlebte er aber nur mit Glück: Die von Claus Graf Schenk von Stauffenberg zu einer Lagebesprechung in den Bunker eingeschmuggelte Bombe zerstörte zwar das Gebäude, aber ein massiver Eichentisch schützte Hitler vor der Explosion. Er wurde nur leicht verletzt, alle Beteiligten des Widerstands wurden später hingerichtet. An sie erinnert ein kleines, zweisprachiges Denkmal in Form eines Buches (Gierłoż, Kętrzyn, www.wilczyszaniec.olsztyn.lasy.gov.pl, April bis Sept. tgl. 8–20, Okt.–März tgl. 8–16 Uhr, Eintritt 15/10 zł).

GIŻYCKO (LÖTZEN)

4 H2

Die Seglerhauptstadt Masurens (30 000 Einw.) ist mit Hotels, Campingplätzen und Restaurants ein wichtiges Touristenzentrum und hat den Vorteil, dass man von hier aus von einem See zum anderen schippern kann.

Die **Drehbrücke** am Lötzener Kanal ist die einzige ihrer Art in Polen, sechsmal täglich öffnet sie sich für Schiffe. Auf einer Landenge zwischen Talter See (Jezioro Tałty), Kissainsee (Jezioro Kisajno) und Löwentinsee (Jezioro Niegocin) gelegen, ist Giżycko für Segler aus Węgorzewo (Angerburg), Mikołajki (Nikolaiken) oder Ruciane-Nida leicht zu erreichen. Vom Stadthafen aus fahren im Sommer mehrmals täglich Ausflugsschiffe zu den genannten Städten (ul. Kolejowa 9, Tel. 087/4 28 25 78, www.zeglugamazurska.com).

Der benachbarte moderne Jachthafen Ekomarina am Löwentinsee bietet Liegeplätze und sanitäre Anlagen für Segler, Restaurant, Spielplatz und außerdem einen großen Campingplatz (ul. Dąbrowskiego 14, Tel. 087/4 20 94 30, www.ekomarinagizycko.pl, 15. April–15. Okt.).

An kriegerische Zeiten erinnert die **Festung Boyen** (Twierdza Boyen, 1844–1848) im Westen der Stadt, die 1914 in der deutsch-russischen Schlacht an den Masurischen Seen eine Schlüsselrolle spielte. Das Bollwerk dient bisweilen als Freilichtbühne – an Sommerwochenenden treten hier Musikbands aus dem In- und Ausland auf – und kann besichtigt werden (ul. Turystyczna 1, www.twierdza.gizycko.pl, Juli/Aug. 9–20, Mai/Juni, Sept. bis 19 Uhr, Eintritt 12/10 zł).

Sehenswert ist auch die evangelische **Pfarrkirche**, die 1827 nach Schinkels Einheitsentwurf für Dorfkirchen entstand (im Sommer Orgelkonzerte).

INFO

Touristeninformation

- ul. Wyzwolenia 2 | 11-500 Giżycko
  Tel. 087/4 28 52 65 | www.gizycko.pl

HOTELS

St. Bruno €€€

Das 4-Sterne-Hotel bietet modernsten Komfort und die Geborgenheit einer Deutschordensburg aus der Mitte des 14. Jhs. gleich an der Drehbrücke über den Luczynski-Kanal.

- ul. św. Brunona 1 | 11-500 Giżycko
  Tel. 087/7 32 65 00
  www.hotelstbruno.pl

Helena €€

Direkt am Kissainsee, 2 km vom Stadtzentrum gelegenes Hotel mit Jachthafen Royal und Restaurant Biały Szkwał.

- al. Wojska Polskiego 58 | 11-500 Giżycko
  Tel. 087/4 29 22 09 | www.hotelhelena.pl

Masovia €€

Gemütliches Hotel in einem um 1900 errichteten Backsteingebäude, mit Restaurant und Bar. Im Stadtzentrum nahe Ekomarina und Bahnhof.

- ul. Dąbrowskiego 8 | 11-500 Giżycko
  Tel. 087/7 37 13 22
  www.hotelmasovia.pl

RESTAURANT

Tawerna Siwa Czapla

Gemütliches Holzhaus mit Terrasse und Blick auf den Jachthafen; unbedingt zu empfehlen ist die masurische Fischsuppe.

> **mehr S. 15 Punkt 22**

- Nadbrzeżna 11 | 11-500 Giżycko
  Tel. 087/4 28 34 40

Das Hotel St. Bruno bietet ritterliches Ambiente – aber mit heutigem Komfort

JEZIORO MAMRY (MAUERSEE) 5 11 H2

Mehrere kleine Seen im Norden von Giżycko bilden zusammen als Jezioro Mamry mit 104 km^2 den zweitgrößten polnischen See. Größer ist mit 114 km^2 nur noch der Jezioro Śniardwy (Spirdingsee) im Süden der masurischen Seenplatte bei Mikołajki. Neben dem eigentlichen Mauersee (Jezioro Mamry) gehören der Kissain- (Kisajno), Dargeinen- (Dargin), Schwenzait- (Święcajty), Doben- (Dobskie) und der Lababsee (Łabap) dazu. Die Straße von Giżycko in nördlicher Richtung ist ganz dem Naturerlebnis gewidmet. Kormorane und Schreiadler sind hier keine Seltenheit.

Von Pozezdrze bietet sich ein Abstecher von rund 11 km nach **Sztynort** (Steinort) an, das idyllisch auf einer Halbinsel zwischen Mauer-, Kissain- und Lababsee liegt. Oberhalb vom großen Jachthafen steht das nach dem Zweiten Weltkrieg verfallende Anwesen der Familie Lehnsdorff, ein Gedenkstein erinnert an die einstigen Bewohner. Das Barockschloss wurde inzwischen notdürftig gesichert, die Wege und Sichtachsen im Park freigelegt. Im Hafen kann man ein Segel- oder Motorboot leihen und dann z. B. das Städtchen **Węgorzewo** (Angerburg) am Nordufer des Sees ansteuern, das auch bei Badeurlaubern beliebt ist (Tiga Marina, Port Sztynort, Sztynort 11, 11-600 Węgorzewo, Tel. 087/4 27 51 80, www.portsztynort.pl). › mehr S. 12 Punkt 1

HOTEL

Pensjonat Sztynort €€
Segler- und radlerfreundliche Unterkunft mit gemütlichen Zimmern gleich an der Marina, hoteleigenen Fahrrädern und Restaurant Tawerna Zęza.

- Sztynort 10 | 11-600 Węgorzewo
  Tel. 087/4 27 51 81
  www.pensjonatsztynort.pl

MIKOŁAJKI (NIKOLAIKEN) 6 H2

Das kleinste, aber wohl reizendste Zentrum Masurens ist Mikołajki (4000 Einw.). Das alte Städtchen der Fischer und Holzfäller hat sich zu einem Treffpunkt für Wassersportler entwickelt. Im Hafen wimmelt es im Sommer nur so von Segel-, Tret- und Paddelbooten sowie Kanus. Ausflugsschiffe legen u. a. zu Rundfahrten über den Spirdingsee (Jezioro Śniardwy), nach Ruciane-Nida und Giżycko ab (Tel. 087/4 28 25 78, www.zeglugamazurska.com).

Rund 4 km östlich von Mikołajki liegt der **Lucknainer See** (Jezioro Łuknajno) H2. In dem Naturreservat nisten etwa 1300 Höckerschwäne – Europas größte Kolonie dieser Vogelart. Zwei Aussichtstürme am Südufer des Sees bieten eine gute Möglichkeit, die Schwäne zu beobachten.

HOTEL

Mikołajki €€€
Großzügige, helle Zimmer in einem Hotel, das gegenüber vom Stadthafen in den Spierdingsee hineingebaut wurde. Toller Sauna- und Spa-Bereich.

• Aleja Spacerowa 11 | 11-730 Mikołajki
Tel. 087/4 20 60 00
www.hotelmikolajki.pl

Pensjonat Tałty €
Am Talter See, 24 Zimmer, Liegewiese mit Badestrand und Bootssteg.
• ul. Tałty 19 | 11-730 Mikołajki
Tel. 087/4 21 63 98
www.pension-talty.de

RESTAURANT

Folwark Łuknajno €
Gemütliches Gasthaus in einem alten Gutshof etwas außerhalb am Lucknainer See; auch zehn hübsche Gästezimmer.
> **mehr S. 12 Punkt 4**
• Łuknajno 2 | 11-730 Mikołajki
Tel. 087/4 21 68 62 | www.luknajno.pl

PUSZCZA PISKA (JOHANNISBURGER HEIDE) 7 H3

Wenig südlich von Mikołajkis erstreckt sich der **Spirdingsee** (Jezioro Śniardwy) H2, der mit 114 km² größte polnische See. An seinen Ufern beginnt der größte Wald Masurens, die **Johannisburger Heide** (Puszcza Piska). Rehe und Hirsche bevölkern die endlosen Kiefernwälder. Mittendrin liegt die Perle Masurens, der **Niedersee** (Jezioro Nidzkie) H3, ein Geheimtipp, zumal in weiten Teilen Motorboote verboten sind. Der schönste Blick auf den See bietet sich am Ufer südlich der Ortschaft Wiartel, und man versteht, warum diese Region auch die Große Wildnis genannt wird. > mehr S. 17 Punkt 33

Alle Erzählungen des Autors Ernst Wiechert (1887–1950) kreisen um seine ostpreußische Waldheimat. Ein kleines Museum im Forsthaus Kleinort, wo Wiechert zur Welt kam, lässt den Besucher seine Bücher mit anderen Augen lesen (Piersławek bei Piecki, Mo–Fr 10–16, So 11–14 Uhr).

HOTELS

Galindia €€€
Rustikal eingerichtetes Hotel mit Boots-, Rad- und Surfbrettverleih am Beldahnsee, einer prußischen Festung nachempfunden; mit Höhlen-Restaurant.
• Bartlewo 1 | 12-220 Ruciane-Nida
Tel. 087/4 23 16 69 | www.galindia.com.pl

Potocki Gałkowo €€
Die Zimmer befinden sich in einem rekonstruierten Forstgehöft und Holzhäusern von Altgläubigen, das Restaurant in einem historischen Bau aus dem 19. Jh., der von Steinort hierher in die Johannisburger Heide versetzt wurde, und an die deutsche Journalistin Marion Gräfin Dönhoff erinnert. Gegenüber bietet das Gestüt Ferenstein Gelegenheit zum Reiten. > **mehr S. 15 Punkt 21**
• Gałkowo 46 | 12-220 Ruciane-Nida
Tel. 087/4 25 70 73 | www.galkowo.pl

RUCIANE-NIDA (RUDSCHANNY) 8 H3

Der einzige größere Ort in der Johannisburger Heide (5000 Einw.) lebt von der Holzindustrie und vom Fremdenverkehr. Der Rest ist noch Natur pur, nur gelegentlich stößt man auf kleine Walddörfer. Wanderer finden ein dichtes Netz an markierten Wegen; Schiffe der Weißen Flotte schippern über die Seen.

KRUTYŃ (KRUTINNEN)

9 12 G3

Das Dorf mit seinen hübschen Holzhäusern (19. Jh.) ist eine wichtige Zwischenstation auf der einwöchigen Krutynia-Paddeltour, die in Sorkwity beginnt und bis zur Mündung des Flüsschens in den Beldahnsee (Jezioro Bełdany) und nach Mikołajki führt. Da sich die wenigsten auf dieses lange Abenteuer einlassen wollen, werden im Dorf auch Kurztrips organisiert: Einheimische staken Reisende in Booten auf der zauberhaften **Krutynia** (Krutinna). Der Wald, durch den sie fließt, verdichtet sich stellenweise zu einem grünen Tunnel. Die Stille ist beinahe vollkommen.

Wer lieber selbst zum Paddel greift, leiht sich in Krutyń ein Boot und lässt sich samt Boot an einer der folgenden Stationen (z. B. in Ukta) abholen. Diesen Rückholservice bietet u. a. das Hotel Habenda › unten. Die Angebote gelten von April bis September; nähere Infos erhält man bei Perkun, Krutyń 4, Mobiltel. 600 42 78 68, www.krutynia.com.pl.

HOTEL

Habenda €€

Gemütliche Zimmer, 50 m vom Fluss; Neben geführten Rad- und Paddeltouren auch Verleih von Rädern und Booten, mit Zubringer- und Abholservice.

- Krutyń 42 | 11-710 Piecki
  Tel. 089/7 42 12 18 | www.habenda.com
  › mehr S. 13 Punkt 10

Storchennester auf Dächern und Strommasten sind in Masuren häufig zu sehen

EXTRA-TOUREN

Rote Backsteinbauten wie der Leuchturm in Ustka prägen die Ostseeküste

TOUR 14

LÄNGS DER POMMERSCHEN KÜSTE: VON STETTIN NACH DANZIG IN EINER WOCHE

ROUTE: Stettin > Międzyzdroje > Kołobrzeg > Łeba > Hel > Danzig

KARTE: Klappe hinten
DISTANZEN: **Stettin** > **Międzyzdroje** 90 km (2 Übernachtungen); **Międzyzdroje** > **Kołobrzeg** 100 km (2 Übernachtungen); **Kołobrzeg** > **Łeba** 186 km (2 Übernachtungen); **Łeba** > **Danzig** 190 km (Übernachtung); insges. 566 km
VERKEHRSMITTEL: Die Tour lässt sich am besten mit dem Auto unternehmen. Die Alternative: Per Zug fahren Sie von Stettin nach Międzyzdroje, weiter per Bus bis Kołobrzeg, ab dort per Zug nach Słupsk und Łeba. Falls am Reisetag ein Schiff von Łeba nach Władysławowo fährt, ist dies eine Chance, den wilden Teil der polnischen Ostseeküste vom Wasser aus zu erleben. Falls nicht, nehmen Sie den Bus nach Hel. Von dort verkehren Züge und Schiffe (Mai–Sept.) nach Danzig.

Geschichte, Kultur und Natur: Kein Aspekt kommt auf dieser Tour zu kurz. Sie beginnt in **Stettin** › S. 52, wo Sie sich auf die Küste einstimmen, einen Bummel durch die Altstadt und über die Hakenterrasse unternehmen. Bleibt Zeit, lohnt eine Schiffstour durch die Hafenanlagen. Von Stettin geht es durch eine Wald- und Heidelandschaft nordwärts zur Küste, auf der E 65 via Wolin ins Seebad **Międzyzdroje** › S. 60. AM ZWEITEN TAG können Sie entspannen: Spazieren Sie am Fuß der spektakulären Kliffküste entlang, erkunden Sie per Rad den Woliner Nationalpark, besuchen Sie das Wisent-Gehege und setzen Sie mit einem Ausflugsschiff nach Świnoujście über.

AM FOLGENDEN TAG fahren Sie auf der küstennahen Straße 102 quer durch den Nationalpark und verlassen die Insel Wolin über eine Zugbrücke. Ein Abstecher nach **Kamień Pomorski** › S. 63 lohnt wegen der Lage des Städtchens am Haff und seiner 1000-jährigen Kathedrale. Beim nächsten Stopp, **Trzęsacz** › S. 63, thront eine Kirchenruine verwegen am Abgrund – spektakulär ist der Blick über die Kliffküste. Über **Trzebiatów**, ein mittelalterliches Hansestädtchen, erreichen Sie den Badeort **Kołobrzeg** › S. 68. Genießen Sie dort AM VIERTEN TAG Sandstrand und Altstadt. Dafür können Sie AM FÜNFTEN TAG – nun auf der E 11 – Gas geben, auch Koszalin getrost durchfahren. Weiter geht es – auf der Straße 203 – am Bukowosee vorbei nach **Darłowo** › S. 70. Sehen Sie sich das Schloss des »letzten Wikingers« an und fahren Sie weiter nach Ustka, von wo eine Fischereiflotte auf Fang geht. **Słupsk** › S. 72,

18 km landeinwärts, bietet Abwechslung mit einer hervorragenden Sammlung moderner Kunst. Von **Łeba** › S. 73 aus erkunden Sie AM SECHSTEN TAG den **Słowiński-Nationalpark** › S. 73: Wanderdünen, Silberseen und schier endlose Sandstrände. Eine Bootstour führt Sie über den Łebskosee nach Kluki zum Slowinzischen Freilichtmuseum.

Fahren Sie AM LETZTEN TAG auf der Straße 214 nach Wicko und folgen der 213 ostwärts. Ein Zwischenstopp lohnt in **Krokowa** › S. 75, bevor Sie via Władysławowo auf die weit in die Danziger Bucht ragende **Halbinsel Hel** gelangen: eine Traumstraße mit Meerblick nach links und rechts; an ihrem Endpunkt liegt das Dorf **Hel** mit seiner Robbenstation › S. 77. Zuletzt geht es über Władysławowo nach **Danzig** › S. 82.

TOUR 15

VON DER DANZIGER BUCHT OSTWÄRTS IN EINER WOCHE

ROUTE: Danzig › Krynica Morska › Elbląg › Frombork › Lidzbark Warmiński › Giżycko › Mikołajki › Masurischer Landschaftspark › Mrągowo › Olsztyn › Malbork › Danzig

KARTE: Klappe hinten

DISTANZEN: **Danzig** › **Elbląg** 108 km (Übernachtung); **Elbląg** › **Lidzbark Warmiński** 132 km (Übernachtung); **Lidzbark Warmiński** › **Mikołajki** 96 km (2 Übernachtungen); **Mikołajki** › **Krutyń** 40 km (Übernachtung); **Krutyń** › **Olsztyn** 91 km (Übernachtung); **Olsztyn** › **Malbork** 166 km (Übernachtung); **Malbork** › **Danzig** 60 km; insges. 690 km

VERKEHRSMITTEL: Auch dies ist eine Pkw-Tour. Es geht aber auch, allerdings teils mühsam, mit öffentlichen Verkehrsmitteln: Per Bus reisen Sie von Danzig nach Krynica Morska, von wo Sie übers Frische Haff nach Elbląg übersetzen (Juli–Aug.). Von dort kommen Sie per Bus leicht nach Frombork, dann wird es schwieriger. Mit dem Bus geht es weiter via Braniewo nach Lidzbark Warmiński und Kętrzyn, von dort per Bus (selten) oder Taxi zur Wolfsschanze. Zurück in Kętrzyn: Fahren Sie mit dem Bus Giżycko › Mikołajki › Ruciane-Nida › Krutyń › Mrągowo › Olszytn, ab dort mit dem Zug nach Ostróda und nach Elbląg.

Verträumte Dörfer, luftige Alleen und weite Landschaften: Willkommen in Polens Osten! Von **Danzig** › S. 82 fahren Sie auf die von zwei Weichselarmen umflossene Insel Sobieszewo (Straße 501) und setzen mit einer Pendelfähre auf die Frische Nehrung über: Der teilweise nur 500 m breite Landstreifen zwischen Haff und Danziger Bucht lädt mit weißen Sandstränden zum Baden ein. Mit der dunklen Seite jüngerer deutscher Geschichte wird man in **Sztutowo** › S. 126 konfrontiert; Badefreuden können Sie in **Krynica Morska** › S. 126 genießen – wenn Sie wollen, sogar hüllenlos. Via Nowy Dwór Gdański gelangen Sie nach **Elbląg** › S. 124 mit seiner Retro-Altstadt und guten Quartieren.

AM ZWEITEN TAG ist frühes Aufstehen angesagt, denn die Strecke ist lang und gespickt mit Sehenswürdigkeiten. Über die Elbinger Höhen geht es auf der Straße 503 nach **Frombork** › S. 126 mit seinem weiten Blick übers Haff. Hier wirkte Nikolaus Kopernikus als Domherr viele Jahre an der Kirche. Anschließend gelangen Sie auf Nebenstraßen (Nr. 505/509/513) durch das gewellte Ermland südostwärts nach **Lidzbark Warmiński** › S. 128, wo der geniale Astronom in einer mächtigen Ordensburg residierte.

Über Reszel, das mit einer gotischen Burg aufwartet, kommt man AM DRITTEN TAG nach **Święta Lipka** › S. 140. Mit einer barock-verspielten Wallfahrtskirche bildet es einen Gegenpol zur dominanten Backsteingotik der Region. Die Kleinstadt Kętrzyn ist der Durchgangsort zur **Wolfsschanze** (Gierłoż) › S. 141: Hitlers Führerhauptquartier ist heute eine dschungelhaft überwucherte Bunkerlandschaft. Auf Straße 592 erreichen Sie dann das zwischen den beiden »masurischen Meeren« gelegene **Giżycko** › S. 141. Trotz seiner guten Lage ist das Städtchen weniger attraktiv als **Mikołajki** › S. 143, weshalb man besser dort übernachten sollte.

Spaß machen AM VIERTEN TAG ein Bummel über die Seepromenade, eine ausgedehnte Bootstour auf dem Spirdingsee sowie eine Wanderung nach

Auf den Masurischen Seen kann man meilenweit segeln, ohne anderen Booten zu begegnen

Karte: Klappe hinten

Łuknajno, zum UNESCO-Reservat für Höckerschwäne. Steigen Sie abends auf einen der beiden Aussichtstürme, von denen man den besten Blick hat!

Die nächste Etappe bringt Sie AM FÜNFTEN TAG durch den Masurischen Landschaftspark: Von Mikołajki fahren Sie auf Straße 609 südwärts und biegen nach 1 km links in die Asphaltpiste nach Wierzba ein. Mit einer Mini-Autofähre, die im Halbstundentakt verkehrt, setzen Sie auf die **Halbinsel Popielno** über, wo Sie eine Tarpanpferdezucht besuchen können. Anschließend erreichen Sie auf einer Waldstraße **Ruciane-Nida** › S. 144.

Ein Aufenthalt lohnt in **Krutyń** › S. 145, im Zentrum des Masurischen Landschaftsparks: Hier können Sie sich auf der kristallklaren Krutynia staken lassen, selber zum Paddel greifen oder auf markierten Naturlehrpfaden die urwüchsige Umgebung erkunden.

Über **Piecki** mit einem Museum zu Ehren des Heimatdichters Ernst Wiechert kommen Sie AM SECHSTEN TAG via **Mrągowo** › S. 139 in die Provinzhauptstadt **Olsztyn** › S. 129 mit einer kleinen, aber attraktiven Altstadt und einem Burgmuseum, das Nikolaus Kopernikus gewidmet ist.

Die letzte Etappe AM SIEBTEN TAG ist nicht nur reich an Seen, sondern auch an Burgen – mächtigen Zeugen des untergegangenen Ordensstaates. Über **Ostróda** › S. 132 geht es via **Iława** › S. 133 nach **Kwidzyn** › S. 115 und von dort parallel zur fruchtbaren Weichselniederung nach **Malbork** › S. 117. Die vorbildlich wieder hergerichtete Marienburg, einst Hauptsitz der Ordensritter, ist heute eine der Hauptattraktionen Polens, für die Sie sich genügend Zeit nehmen sollten. Am schönsten ist sie kurz vor Sonnenuntergang. Wer im Burghotel absteigt, ist da natürlich privilegiert. Zurück nach **Danzig** geht es über Tczew, wo Sie auf einer imposanten Brücke die breite Weichselniederung queren.

Die Marienburg war im 14./15. Jh. Sitz der Hochmeister des Deutschen Ordens

EUROPÄISCHE RAD-, WANDER- & KUNSTWEGE

Nordpolens wenig befahrene Nebenstraßen sind ideal für Fahrradreisen

Der **Europäische Fernwanderweg E 9** startet in Spanien, führt an Nord- und Ostsee entlang und erreicht Polen am Grenzübergang Ahlbeck/Świnoujście im Osten Usedoms. Ein erstes Highlight wartet kurz hinter der deutsch-polnischen Grenze: Im Nationalpark Wolin verläuft der E 9 am Fuß steiler Klippen – das Stück ist identisch mit der (im umgekehrter Richtung) beschriebenen Tour 2. > S. 51. Ein zweiter Höhepunkt: Auf 30 km Länge türmen sich hinter Ustka haushohe Dünen, die große Strandseen vom Meer abschirmen > S. 65. Bei Dębki verlässt der E 9 die Küste und führt über die kaschubischen Hügel via Puck nach Danzig.

Auf dem **Europäischen Radweg R 1** (www.euroroute-r1.de) erreicht man in Köstrin/Kostrzyn polnischen Boden. Der Weg, der auf asphaltierten, meist verkehrsarmen Straßen verläuft, führt quer durch die Tiefebene parallel zu den Flüssen Warthe (Warta) und Netze (Noteć). Gut zu wissen: Wer müde wird, kann längere Strecken im Zug Berlin–Danzig zurücklegen. In Bydgoszcz schwenkt der R1 nordwärts ein und folgt dem Lauf der Weichsel (Wisła) über Chełmno und Malbork bis Elbląg. Von dort geht es über Hügel bis Braniewo, wo der Radweg nach 682 km in Polen die russische Grenze erreicht.

Die **Europäische Route der Backsteingotik** (www.eurob.org) führt von Stettin über Kołobrzeg und Słupsk nach Danzig. Sie verbindet all jene Städte, die mit gewaltigen Backsteinkirchen, festungsartigen Rathäusern und großartigen Bürgerpalästen aus der Blütezeit der Hanse aufwarten.

INFOS VON A–Z

ÄRZTLICHE VERSORGUNG

Als EU-Mitglied gewährt Polen allen EU-Bürgern kostenlose Nothilfe. Gegen Vorlage der EU-Versicherungskarte übernimmt die deutsche Krankenkasse die Kosten für die in Polen anfallenden ärztlichen Leistungen. Wer sicher gehen möchte, dass die Kosten auch übernommen werden, wenn die Behandlung teurer ist als in Deutschland, sollte zusätzlich eine private Reisekrankenversicherung abschließen.

Einige deutsche Krankenkassen übernehmen Kurleistungen im Nachbarland. Wollen Sie diese in Anspruch nehmen (z. B. in den Seebädern), erkundigen Sie sich unbedingt vor der Reise bei Ihrer Krankenkasse nach den Modalitäten.

Auskunft in Notfällen und bei akuten Erkrankungen erteilt der Rettungsdienst unter Tel. 999.

Für die FSME- und Borreliose Risikogebiete an der Oder und in der Region Ermland-Masuren im Nordosten wird eine entsprechende Schutzimpfung und Vorsorge gegen Zeckenbisse empfohlen.

Medikamente bekommt man in der *Apteka* (10–19 Uhr, Notfallapotheken sind an der Tür jeder Apotheke ausgewiesen).

BARRIEREFREIES REISEN

Neubauten verfügen standardmäßig über barrierefreie Zugänge, behindertengerechte Toiletten und Markierungen für Sehbehinderte. Über geeignete Unterkünfte, Restaurants, Kultur- und Sportangebote sowie Touren informiert www.turystykadlawszystkich.pl.

DEVISENBESTIMMUNGEN

Sowohl Złoty als auch fremde Währungen können in beliebiger Höhe ein- und ausgeführt werden (Ausfuhr nicht höher als Einfuhr).

DIPLOMATISCHE VERTRETUNGEN

- **Botschaften und Konsulate der Republik Polen:**
  In Deutschland: Polnische Botschaft, Lassenstr. 19–21, 14193 Berlin, Tel. 030/22 31 30, www.berlin.msz.gov.pl
  Generalkonsulate: Röntgenstr. 5, 81679 München, Tel. 089/4 18 60 80; Gründgensstr. 20, 22309 Hamburg, Tel. 040/61 18 70; Lindenallee 7, 50968 Köln, Tel. 02 21/93 73 00
  In Österreich: Botschaft, Hietzinger Hauptstr. 42 c, 1130 Wien, Tel. 01/8 70 15-0, www.wieden.msz.gov.pl
  In der Schweiz: Botschaft, Elfenstr. 20 a, 3006 Bern 15, Tel. 031/3 58 02 02, www.berno.msz.gov.pl
- **Diplomatische Vertretungen in Polen:**
  Deutsche Botschaft: 00-467 Warszawa, ul. Jazdów 12, Tel. 022/5 84 17 00, www.warschau.diplo.de
  Generalkonsulat: 80-219 Gdańsk, al. Zwycięstwa 23, Tel. 058/3 40 65 00, www.danzig.diplo.de
  Österreichische Botschaft: 00-748 Warszawa, ul. Gagarina 34, Tel. 022/8 41 00 81/-82/-83/-84, www.ambasadaaustrii.pl
  Schweizer Botschaft: 00-540 Warszawa, al. Ujazdowskie 27, Tel. 022/6 28 04 81/-82, www.eda.admin.ch

EIN- & AUSREISE

EU-Bürger benötigen einen gültigen Personalausweis. Für Nicht-EU-Bürger ist ein Reisepass erforderlich. Seit Polen dem Schengener Abkommen beigetreten ist, wird nur stichprobenartig kontrolliert.

FEIERTAGE
1. Jan. (Neujahr), Ostermontag, 1. Mai, 3. Mai (Tag der Verfassung von 1791), Pfingstmontag, Fronleichnam, 15. Aug. (Mariä Himmelfahrt), 1. Nov. (Allerheiligen), 11. Nov. (Jahrestag der Unabhängigkeit 1918) sowie 25. und 26. Dez. (Weihnachten) sind arbeitsfreie Tage.

HAUSTIERE
Zur Mitnahme von Haustieren ist ein EU-Heimtierpass mitzuführen, der auch die gültige Tollwutimpfung nachweist. Außerdem muss das Tier mit einem Mikrochip gekennzeichnet sein.

INFORMATIONEN
Polnisches Fremdenverkehrsamt:
- Hohenzollerndamm 151, D-14199 Berlin, Tel. 030/2100920, www.polen.travel
- Fleschgasse 34/2 a, 1030 Wien, Tel. 01/5 24 71 91, www.polen.travel

Vor Ort in Polen bekommen Sie Auskünfte bei den Touristeninformationen *(Informacja turystyczna)*, abgekürzt IT, die bei den einzelnen Städten jeweils mit Adresse, Telefon und Website aufgeführt sind.

KRIMINALITÄT
In Polen bewegt sich die Kriminalitätsrate auf einem europäischen Durchschnittsniveau. Zur Ihrer eigenen Sicherheit sollten Sie größere Geldbeträge, Wertgegenstände oder wichtige Dokumente nicht mit sich herumtragen. Lassen Sie auf keinen Fall Wertgegenstände oder Jacken offen im Auto liegen, wenn Sie parken.

Gehen Sie im Fall eines Verbrechens, wie beispielsweise Diebstahl oder Körperverletzung, zum nächsten Polizeirevier und melden Sie den Vorfall. Wenn Sie Ihre Dokumente verlieren, melden Sie dies sobald wie möglich der Polizei und Ihrer Botschaft oder dem Konsulat.

Am Wasser entspannen Mensch und Hund

NOTRUF
- Polizei, Feuerwehr, Ambulanz (EU-weit Festnetz und mobil): Tel. 112
- Pannenhilfe: Tel. 96 37
  Diese Nummern sind von öffentlichen Telefonzellen gratis anwählbar.
- Touristenhotline: Unter den Nummern Tel. 0048/22/278 77 77 und Mobiltel. 0048/608 599 999 (kostenpflichtig; die Gebühren richten sich nach den jeweiligen Telekommunikationsanbietern) erhalten ratsuchende Touristen während der Hauptsaison von Juni–Sept. tgl. 10–20, ansonsten Okt. bis Mai tgl. 8–18 Uhr Hilfe auf Deutsch, z. B. bei sprachlichen Problemen, Fahrzeugschäden oder anderen Schwierigkeiten. Durch die enge Zusammenarbeit der Hotline mit der Polizei kann auch bei Notfällen schnell eingegriffen werden.

ÖFFNUNGSZEITEN
Das neue polnische Ladenschlussgesetz schafft 2020 den verkaufsoffenen Sonntag ab, 2019 ist nur noch an einem Sonntag im Monat geöffnet, Ausnahmen gibt es vor Ostern und Weihnachten. Lebensmittelgeschäfte haben meist Mo–Fr

6–19 Uhr geöffnet, einige länger; sonstige Geschäfte 11–18 bzw. 19 Uhr, Sa 10 bis 14 Uhr, große Shoppingmalls in Stettin und Danzig werktags bis 22 Uhr; Banken Mo–Fr 8–18 Uhr; Wechselstuben 9–18 Uhr (auch Sa 10–14 Uhr), einige durchgehend, z. B. im Danziger Hauptbahnhof; Ämter und Behörden Mo–Fr 8–15 Uhr.

POST

Briefmarken *(znaczki)* sind in Postämtern erhältlich (Mo–Fr 10–18 und Sa 9–14 Uhr, Hauptpost in Großstädten länger). Postkarten und Briefe nach Deutschland kommen nach rund einer Woche an.

RAUCHEN

Es gilt ein absolutes Rauchverbot an Schulen, in Museen oder Theatern, in öffentlichen Verkehrsmitteln, auf Bahnhöfen oder an Bushaltestellen, in Krankenhäusern und auf Spielplätzen. Wer sich nicht daran hält, muss mit Geldstrafen rechnen. In Restaurants, Bars oder Gaststätten ist Rauchen nur noch in separaten Räumen erlaubt, in denen für eine ausreichende Belüftung gesorgt wird.

TELEFON

Mit **GSM-Handys** telefoniert man problemlos, das Netz ist bestens und nahezu flächendeckend ausgebaut.

Deutschland erreicht man über die **Vorwahl** 00 49, gefolgt von der deutschen Ortsvorwahl ohne die Null; Österreich hat die 00 43, die Schweiz 00 41. Aus Deutschland nach Polen wählt man 00 48.

Beim **Telefonieren innerhalb Polens** muss immer die dreistellige Ortsvorwahl mitgewählt werden. Handynummern können mit 5, 6 oder 7 beginnen und sind immer neunstellig.

TRINKGELD

Die Preise enthalten ein Bedienungsgeld. In den Restaurants werden aber, ähnlich wie in Deutschland, etwa 10 % des Rechnungsbetrags als Anerkennung für guten Service erwartet. Auch Zimmermädchen und Taxifahrer hoffen auf ein Trinkgeld.

WÄHRUNG & GELDWECHSEL

Bei Redaktionsschluss (Mai 2019) gibt es für 1 € 4,28 Złoty, für 1 CHF 3,79 Złoty.

Die gängigen Kreditkarten haben sich in den meisten Hotels, besseren Restaurants und vielen Geschäften sowie Tankstellen durchgesetzt. In allen Städten und in Feriengebieten gibt es Geldautomaten.

Vorsicht ist bei der Nutzung von EC-Karten und Kreditkarten angebracht. An Geldautomaten kann man Bargeld nach dem sicheren Garantiekurs oder dem vermeintlichen unsicheren Tageskurs abheben. Auf jeden Fall sollte man den Tageskurs wählen, denn er ist in der Regel um 10 % günstiger. Auch bei Zahlungen mit der Kreditkarte sollte man immer auf einer Abrechnung in Złoty bestehen, da sonst das eigene Konto nach dem ungünstigeren Eurokurs belastet wird.

ZOLLBESTIMMUNGEN

Es gelten die Zollbestimmungen der EU (www.zoll.de). Gegenstände aus der Zeit vor 1945 (z. B. Bücher, Kunstgegenstände, Schmuck oder Möbel) dürfen aus Polen nur mit einer Genehmigung des Denkmalkonservators der jeweiligen Woiwodschaft oder aber der Nationalbibliothek in Warschau ausgeführt werden.

URLAUBSKASSE

- Tasse Kaffee: 1,50–2,50 €
- Softdrink: 1,50–2,50 €
- Glas Bier 0,5 l: 1,20–2,90 €
- Bratwurst: 2 €
- Eis: 1,20–1,70 €
- Taxifahrt (Kurzstrecke, 10 km): 10 €
- Mietwagen/Tag (ohne km-Begrenzung): ab 40 €

REGISTER

BILDNACHWEIS

Coverfoto: Mechelinki, Pommern, Polen © mauritius images/Gospodarek, Mikolaj
Fotos Umschlagrückseite: seasons.agency/Jalag/Spörl, Lukas (links); Shutterstock/M-Rackham (Mitte); Getty Images/Spatari, Alexander (rechts)

Alamy/Cwalina, Arletta: 16; Alamy/King, Gregory: 120; fotolia/ysuel: 115; Getty Images/ewg3D: 36, 43, 48; Getty Images/fhm: 59; Getty Images/MichalLudwiczak: 86; Getty Images/NurPhoto/Fludra, Michal: 78; Getty Images/pilesasmiles: 96; Getty Images/Sadura, Henryk: 46; Getty Images/Spatari, Alexander: 9; Huber Images/Merten, Hans-Peter: 83; Huber Images/Schmid, Reinhard: 20; laif/Modrow, Joerg: 64; laif/Redux/The NewYorkTimes: 111; laif/robertharding/Runkel, Michael: 44; laif/Schwelle, Dagmar: 17, 22, 32, 102; laif/Volk, Stefan: 142; LOOK-foto/age fotostock: 6/7; LOOK-foto/Stankiewicz, Thomas: 19; mauritius images/age: 129; mauritius images/Kerth, Ulrich: 18; mauritius images/VIEW Pictures: 53; Nöldeke, Renate: 8; picture alliance/Bielecki, Marcin: 13; seasons.agency/Jalag/Spörl, Lukas: 35, 135, 138, 149, 151; Shutterstock/AlesiaKan: 131; Shutterstock/bchyla: 74; Shutterstock/Bogacki, Artur: 81; Shutterstock/Bolbot, Aleksander: 62; Shutterstock/chrupka: 94; Shutterstock/Fotokon: 134; Shutterstock/Gorski, Krzysztof: 76; Shutterstock/hjochen: 146; Shutterstock/Jurgielewicz, Mariusz S.: 69, 100; Shutterstock/Kamilalala: 150; Shutterstock/Kogen_Hansen: 127; Shutterstock/Kosmider, Patryk: 88; Shutterstock/Lyjak, Blazej: 153; Shutterstock/Mad Pixel: 29; Shutterstock/Miko, Jan: 119, 123; Shutterstock/M-Rackham: 14; Shutterstock/Mucha, Szymon: 140; Shutterstock/Nahlik: 116; Shutterstock/Neirfy: 107; Shutterstock/Neumiler, Alicja: 125; Shutterstock/RossHelen: 56; Shutterstock/sashk0: 99; Shutterstock/Shebeko: 15; Shutterstock/Stepniak: 71; Shutterstock/Switulski, Mariusz: 39, 73; Shutterstock/Tomasz Kubis: 41; Shutterstock/Velishchuk, Yevhen: 12; Shutterstock/Voyagerix: 90; Shutterstock/Wozniak, Tomasz: 109; Shutterstock/Zakrzewski, Bartosz: 61; Shutterstock/Zych, Maciej: 10; stock.adobe.com/majonit: 133; stock.adobe.com/Nightman1965: 93;stock.adobe.com/progarten: 145; testigo.pl/Wyszomirski, Pawel: 26.

Liebe Leserin, lieber Leser,
wir freuen uns, dass Sie sich für diesen POLYGLOTT on tour entschieden haben.
Unsere Autorinnen und Autoren sind für Sie unterwegs und recherchieren sehr gründlich, damit Sie mit aktuellen und zuverlässigen Informationen auf Reisen gehen können.
Dennoch lassen sich Fehler nie ganz ausschließen. Wir bitten Sie um Verständnis, dass der Verlag dafür keine Haftung übernehmen kann.

Ihre Meinung ist uns wichtig. Bitte schreiben Sie uns:
GRÄFE UND UNZER VERLAG
Postfach 86 03 66, 81630 München, Tel. 0 89 / 419 819 41
www.polyglott.de

LESERSERVICE
polyglott@graefe-und-unzer.de
Tel. 0 800 / 72 37 33 33 (gebührenfrei in D, A, CH), Mo–Do 9–17 Uhr, Fr 9–16 Uhr

1. Auflage 2019

Dieses Buch wurde auf chlorfrei gebleichtem Papier gedruckt.
ISBN 978-3-8464-0488-1

Bei Interesse an maßgeschneiderten B2B-Editionen:
gabriella.hoffmann@graefe-und-unzer.de

Verlagsleitung: Grit Müller
Verlagsredaktion: Anne-Katrin Scheiter
Autorin: Renate Nöldeke
Redaktion: Elke Sagenschneider Texte und Projekte, München
Bildredaktion: Kathrin Schäfer
Mini-Dolmetscher: Langenscheidt
Umschlaggestaltung & Layout:
Independent Medien Design, München
Horst Moser (Artdirection), Lucie Heselich
Karten & Pläne: Huber Kartographie GmbH
Satz: Tim Schulz, Mainz
Herstellung: Anna Bäumner, Gloria Schlayer
Druck & Bindung:
Printer Trento, Italien

PEFC/18-31-506

GRÄFE UND UNZER

Ein Unternehmen der
GANSKE VERLAGSGRUPPE

MINI-DOLMETSCHER POLNISCH

ALLGEMEINES

Guten Morgen.	Dzień dobry. [dschjen‿**do**brih]
Guten Abend.	Dobry wieczór. [**do**brih‿**wje**tschur]
Hallo!	Cześć! [tscheschtsch]
Wie geht's?	Co słychać? [zo‿**swi**chatsch]
Danke, gut.	Dziękuję, dobrze. [dschiẽ**ku**jẽ **dob**~~seh~~e]
Ich heiße ...	Nazywam się ... [na**si**wam‿schjẽ]
Auf Wiedersehen.	Do widzenia. [do‿wi**dsen**ja]
Morgen	rano [**ra**no]
Nachmittag	popołudnie [popo**wud**nie]
Abend	wieczór [**wje**tschur]
Nacht	noc [noz]
morgen	jutro [**ju**tro]
heute	dzisiaj [**dschi**schaj]
gestern	wczoraj [**ftscho**raj]
Sprechen Sie Deutsch / Englisch?	Czy pan (m.) / **pa**ni (w.) mówi po niemiecku / angielsku? [tschih‿pan / pani **mu**wi po nje**mje**zku / an**gjel**sku]
Wie bitte?	Słucham? [**ßwu**cham]
Ich verstehe nicht.	Nie rozumiem. [nje‿ro**su**mjem]
Sagen Sie es bitte noch einmal.	Proszę powtórzyć jeszcze raz. [**pro**schẽ pof**tu**~~seh~~ihtsch **jesch**tsche ras]
..., bitte.	..., proszę. [**pro**schẽ]
Danke.	Dziękuję. [dschiẽ**ku**jnẽ]
Keine Ursache.	Nie ma za co. [nje‿ma‿sa‿zo]
was / wer / welcher	co / kto / jaki [zo / kto / **ja**ki]
wo / wohin	gdzie / dokąd [gdschje / **do**kãd]
wie / wie viel	jak / ile [jak / ile]
wann / wie lange	kiedy / jak długo [**kje**dih / jak **dwu**go]
Wie heißt das?	Jak to się nazywa? [jak‿to‿schjẽ‿na**si**wa]
Wo ist ...?	Gdzie jest ...? [gdschje jest]
Können Sie mir helfen?	Czy może mi pan (m.) / pani (w.) pomóc? [tschih **mo**~~seh~~e mi pan / **pa**ni **po**muz]
ja	tak [tak]
nein	nie [nje]
Entschuldigen Sie.	Przepraszam. [psche**pra**scham]
Das macht nichts.	Nie szkodzi. [nje‿**schko**dschi]

SHOPPING

Wo gibt es ...?	Gdzie można kupić ...? [gdschje **mo**~~seh~~na **ku**pitsch]
Wie viel kostet das?	Ile kosztuje? [ile kosch**tu**je]
Ich nehme es.	Ja to wezmę. [ja‿to‿**wes**mẽ]
Wo ist eine Bank?	Gdzie jest bank? [gdschje‿jest‿bank]
Geben Sie mir 100 g Käse, bitte.	Proszę o sto gramów sera żółtego. [**pro**schẽ‿o‿sto‿**gra**muf **ß**era ~~seh~~uw**te**go]
Haben Sie deutsche Zeitungen?	Czy ma pan (m.) / pani (w.) niemiecką gazetę? [tschih‿ma‿pan / **pa**ni nje**mje**zkã ga**se**tẽ]
Wo kann ich telefonieren / eine Telefonkarte kaufen?	Gdzie mogę zatelefonować / kupić kartę telefoniczną? [gdschje **mo**gẽ satelefo**no**watsch / **ku**pitsch **kar**tẽ telefo**nitsch**nã]

ESSEN UND TRINKEN

Die Speisekarte, bitte.	Proszę o jadłospis. [**pro**schẽ o‿jad**wos**pis]
Brot	chleb [chlep]
Kaffee	kawa [**ka**wa]
Tee	herbata [cher**ba**ta]
mit Milch / Zucker	z mlekiem / cukrem [s‿**mle**kjem / **zu**krem]
Orangensaft	sok pomarańczowy [sok‿pomaran**tscho**wih]
Suppe	zupa [**su**pa]
Fisch / Meeresfrüchte	ryba / frutti di mare [**rih**ba / **fru**ti‿di‿**ma**re]
Fleisch / Geflügel	mięso / drób [**miẽ**so / drub]
Beilage(n)	dodatki [do**dat**ki]
vegetarische Gerichte	potrawy wegetariańskie [po**tra**wih wegeta**rjan**skje]
Eier	jaja [**ja**ja]
Salat	sałata [ßa**wa**ta]
Dessert	deser [**de**ßer]
Obst	owoce [o**wo**ze]
Eis	lody [**lo**dih]
Wein	wino [**wi**no]
Bier	piwo [**pi**wo]
Wasser	woda [**wo**da]
Mineralwasser	woda mineralna [**wo**da mine**ral**na]
Limonade	goranżada [oran**seh**ada]
Ich möchte bezahlen.	(Nie) bardzo mi smakowało. [(nje) **bar**dso‿mi ßmako**wa**wo]

MEINE ENTDECKUNGEN

Teilen Sie Ihre Entdeckungen auf facebook.com/Polyglottreisewelt.

CHECKLISTE POLNISCHE OSTSEEKÜSTE

Nur da gewesen oder schon entdeckt?

- ☐ **OSTSEEPANORAMA**
  Von der Wanderdüne Łącka bei Łeba blickt man weit über Sandberge und das Meer. › S. 73

- ☐ **BERNSTEINKUNST**
  Der Hochaltar in der Danziger Brigittenkirche wurde von der Solidarność im Andenken an die Opfer der Kämpfe um die Demokratie in Polen gestiftet. › S. 90

- ☐ **PADDELTOUR AUF DER KRUTYNIA**
  Auf dem herrlichen Fluss kann man einen Tag bis eine Woche lang paddeln – vorbei an sonnigen Wiesen und durch die schattigen Wälder der Johannisburger Heide. › S. 145

- ☐ **PIEROGI RUSKIE**
  Traditionell, einfach und lecker sind die mit Quark gefüllten und mit Zwiebeln und Speck servierten Teigtaschen. › S. 45

- ☐ **OHREN- UND AUGENSCHMAUS**
  Die Orgel in Święta Lipka, dem wichtigsten Wallfahrtsort im polnischen Norden, bereitet himmlisches Vergnügen. › S. 140

- ☐ **MIT DEM FAHRRAD AM MEER ENTLANG**
  Von Świnoujście aus kann man eine Radtour auf der Europapromenade bis zu den Kaiserbädern auf der deutschen Seite Usedoms unternehmen.
  › S. 58

- ☐ **WESTERPLATTE**
  Ein Open-Air-Museum dokumentiert den Wandel vom Seebad zum umkämpften Militärstützpunkt und Symbol für den Frieden. › S. 96

MITBRINGSEL

- **Kosmetika von Dr. Irena Eris:** Sie sorgen nicht nur im Urlaub, sondern auch zu Hause für schöne zarte Haut. › S. 17
- **Goldwasser:** Freunde sind Gold wert, also sollte man ihnen diesen Likör schenken. › S. 18